乌合之众

——大众心理研究

The Crowd
A Study of Popular Mind

[法] 古斯塔夫·勒庞 著
夏小正 译

天津出版传媒集团
天津人民出版社

图书在版编目（CIP）数据

乌合之众/（法）勒庞著；夏小正译. --天津：天津人民出版社，2013.10（2018.12重印）

ISBN 978-7-201-08370-4

Ⅰ.①乌… Ⅱ.①勒… ②夏… Ⅲ.①群众心理学—研究 Ⅳ.① C912.64

中国版本图书馆 CIP 数据核字（2013）第 215867 号

乌合之众
WUHE ZHIZHONG

出　　版　天津人民出版社
出 版 人　刘　庆
地　　址　天津市和平区西康路35号康岳大厦
邮政编码　300051
邮购电话　（022）23332469
网　　址　http://www.tjrmcbs.com
电子邮箱　reader@tjrmbs.com

责任编辑　陈　烨　赵　艺
策划编辑　张　历
装帧设计　平　平

制版印刷　天津翔远印刷有限公司
经　　销　新华书店
开　　本　900×1270毫米　1/32
印　　张　8.25
字　　数　130千字
版次印次　2013年10月第1版　2018年12月第5次印刷
定　　价　32.80元

目录
contents

导论

群体心理特征

那些过去被奉为圭臬的教条，其权威在现在似乎遭到了极大的挑战，我们曾经一度认为，物质是永恒存在的，但最近的科学研究发现，所有物质不过是短暂的简单组合。学界对重大历史事件的研究，似乎完善到了极点，难以再进行什么创新了。但那些关于法国大革命的所有著述，依然令我们如痴如醉、爱不释手——让我们百思不得其解的是：文明发展的进程难道每次都必须以血流成河的暴力冲突形式的革旧举新来推进，而不能和平解决？要让这一问题涣然冰释，我们只有借助现代心理学的方法来回顾历史；群体心理与理性个人的心理特征迥然不同，而心理特征也会因不同的群体而异。

每个种族都会因个人的遗传因素而拥有一定的共同心理特征，毋庸置疑，这个种族的气质也因此而生。但这并不意味着，同一种族的人所构成的群体心理特征能和种族的共同心理特征保持一致。如果一个新群体是由民族中那些目的性强的部分人聚集而成的，那么，这个群体必然会在原有种族心理特征的基础上滋生新的心理特征。

在所有的种族中，生活中的有组织群体都起着举足轻重的地位，如今更是重中之重。这个时代的主要特性之一便是：集体无意识行为取代了个人有意识行为。

我对各种群体问题的考察方式有一定程度的不同，但都是纯粹以科学的方式进行的，不受各种意见、理论和教条左右——这是发现某些真理的唯一方法。由于只是全心致力于探究一种现象背后的原因，而这些探究会伤害到某些人的利益，但这并不在我的考虑范围之内。

著名的思想家高布利特·德·阿尔维耶拉[1]先生曾经表示，由于他的结论与众不同，所以他不属于任何当代学派，毕竟这些学派的结论都或多或少地有着各种各样的谬误。因为不希望自己受某个学派的影响，带着偏见和先入为主的立场看待各种事物，所以他坦言自己不属于任何学派。希望这本新书也可以像阿尔维耶拉先生那样，既不被归于某个学说体系又有自己独到的认知。

为什么阿尔维耶拉先生会认为我的结论乍看会让人难以接受？我想我有必要做个解释。例如，为什么我会认为群体智能低下，即使群体成员博学多才，智能也极端低劣；尽管如此，我却又肯定地断言，虽然群体成员卓越抑或群体成员平庸，但如果想干涉或取代这些群体，仍将威胁我们现有的社会呢。

1　高布利特·德·阿尔维耶拉（1846—1925），比利时政治家、宗教学教授，也是自由党的成员。1925年9月7日在布鲁塞尔被枪击，9月9日经抢救无效去世。

这是因为，所有的历史都不约而同的证明：社会组织如同一切生命有机体那样庞杂繁复，我们至今还没有足够的能力去人为地强迫社会组织一夜骤变。然而大自然的不可抗力却往往借助那些比革命还要血腥的手段去成功改变这些社会组织。不言而喻，相对社会而言，无论引导诸多变革的理论多么完美，志向多么远大，都无法平衡热衷于重大改革而带来的危险性和致命性，它们就如同魔鬼炼狱。只有改变种族特质的变革才是王道，但是，只有时间，才真正拥有这种改变种族特质的力量。人人都会受种族内的各种思想、性情和习惯所左右，我们的本性在潜移默化中已经负载了太多种族中的共同物质，种种制度和法律就是我们性格和价值观的外在体现。然而又有多少人意识到：这些制度和法律，它们仅仅是我们性格中的产物，又怎么可能依赖它们改变我们的性格？

研究产生这些现象的民族对研究社会现象更是不可避免，当我们研究某种社会现象的时候，必须要意识到要分清先后、从两个不同的角度对其进行考察的必要性。

只有这样我们才会发现：纯粹理性的真理往往与实践理性的经验截然相反。这个认识几乎可以适用于任何领域，包括自然科学领域在内。倘若从绝对真理的角度分析：无论是一个立方体还是一个圆，它们都是根据相关公式做了严格定义的固定几何形状；假若从感官印象的角度分析，那么这些几何图形就会十分不同；从透视的角度分析，立方体就可以变成锥形或方形，圆可以变成椭圆或直线。当然考察这些真正的形状，自然是远比考察它们所呈现出来的虚幻形状更为重要。因为它们，且也只有它们，是我们可以看到并且能用摄影、绘画技术来再现的形状。生活中，更多时候，确实是不可见的事物比可见的事物包含更多的真理。假如我们只是简单地根据事物的几何形状来判断它们的存在形式，那么这种间接性认识，就极有可能导致我们对自然产生误解，使我们更难认识这些事物固有的真实状态。试想，如果人人都只能复制和翻拍事物，却不能亲自体验的话，我们对事物形态的正确认知还会存在吗？而事物形态的抽象知识假如只是掌握在少数知识分子中，它的存在又有什么价值呢？

恳请那些致力于研究社会现象的学者，都能时刻共勉一条真理：相对文明的诞生和繁荣而言，我们不仅仅需要关心社会现象的理论价值，更值得我们重视的是社会现象的实践价值，事实上也只有实践价值最有意义。为了更好地保持理性的审慎，避免妄下结论，我们在考察每个现象背后的最初逻辑时，务必要重视这条真理。

其次，在社会现象纷繁复杂的境况下，要想全盘掌握或预见它们之间的相互影响和相关结果是完全不现实的。众所周知，现象的背后都会隐藏着若干未知的缘由。由于这种超过我们分析范围的意志，或许正是这些巨大的无意识意志频繁催生了这种种可见的社会现象。相对波浪般的可见和可感知现象而言，这种无意识无疑会被看做容纳百川的海洋。这样看来，可见现象无非就是我们无意识般的海洋深处水流湍急的表象。介于群体大多数行为在精神上的独特、低劣，少数行为受神秘力量支配的现象，使得大家众说纷纭，是命运，是自然还是天意？更有甚者，法国人称之为幽灵的声音。事实证明我们无法忽视它的威力，虽然目前尚不了解这种力量的本质。

每个民族的内心深处，似乎都会被一种持久的、不可思议的力量所支配。就好比语言，世间还有什么事物能比它更复杂，更有逻辑，更精妙呢？但对这种组织程度纷繁复杂且完美无瑕的产物而言，除了人类无意识中潜藏的天赋可以创造它，还能有什么智慧可以奇迹般地创造它呢？即便是博学多才的学者和相对权威的语言学家，他们也仅仅是找出相关语言的规律和章法，至于创造，那是遥遥无期的事情。即使是思想——诸如那些伟人的思想，谁又敢肯定它们完全是有意识的产物？表面上，是单个脑袋萌发这些思想，退一万步讲，倘若没有人类无意识的天赋提供的思考能力和社会提供的思考素材，这些思想又怎能健康萌发、存活？

由于群体的无意识，使得这类物种拥有着令人叹为观止的力量，隐藏着我们不为人知的秘密。大自然中那些受无意识本能支配的低能弱智生物，它们所拥有的复杂性、神奇性的动作，都使得人类为之惊叹！理性——究其根本也不过是无意识的产物之一，它是我们时代较近的人类才能有的禀赋，由于它的局限性很大，至今都不能成功帮助人类理解无意识，揭示无意识的运行规则。而要理性深入到无意识，则依旧还是件可望而不可即的事情。其实理性力量相对无意识力量而言，实在是太微不足道，因为无意识力量才是永恒地主导我们所有行为的决定性力量。

在我们偏安一隅、不想漫无目的地思考和猜测，只愿全权依赖科技手段来感知事物、汲取知识的情况下，若还想勉强得出基本正确的理论，那就必须留心所有我们能够接触到的社会现象，同时还要限制思考的对象和范围。当然，这些理论也未必十分完善，毕竟在我们可感知和认识的现象背后，依然隐藏着我们无法感知的潜在规则与力量。

任何一场革命都源于民族思想的变化，这是大众时代来临的本质变革。不论是罗马帝国的衰亡还是阿拉伯帝国的建立，都向我们证明——每场革命暴动之前的大动荡都取决于三个要素：政治变化、外敌入侵和王朝的倾覆。我们在综合考察这些动荡发生的根源时，就会发现，人民思想的重大转变是每次动荡的主要原因。历来场面浩大、厮杀惨烈的烽火硝烟，在今天看来，并不是导致某个文明发生真正重大革命的唯一重要根源，更多是取决于人类的思想、观念和信仰的变化。我们所缅怀的所有历史事件，无非是人类思想发生深刻转变而催生的可见后果。由于每个民族都有自己的思维结构，以至于我们难以洞察社会动荡的玄机，由此可知，形成思维定式并且世代相传的威力不可小觑，它足够稳定以致让人类忽略它的存在。

当今时代，也是人类思想发生深刻转变的关键时期之一。

之所以这样，取决于两个基本要素。首先，文明赖以建立的根基是信仰。而目前大众道德沦丧到无以复加的地步，所有宗教、政治和社会信仰不是衰亡便是泯灭；其次，由于科技的发达，全新世界已经逐步拉开帷幕，人类的生存环境和思维结构也因此发生了翻天覆地的变化。纵然旧信仰与旧观念已然千疮百孔，但人类依然被其强大的惯性所左右。然而，即将取代它们的新观念和新信仰还未成形，显然这个阶段处于过渡状态，社会局势必然会混乱动荡。

笔者不能妄下断言这个过渡状态会持续多久，演变到何种地步。我们也并不清楚，未来社会建立基础的信仰和观念是什么。但不可否认，无论未来社会的信仰、观念如何，作为一股正在崛起的新力量，一股未来时代至高无上的力量——大众力量，不容忽视。过去所谓的理所当然般的观念和信仰，而今都已濒临边缘、垂死挣扎中——成功的大革命摧毁了它们。踏着历史的废墟，从发展趋势来看，大众力量即将成为可以取而代之的唯一力量，不久的未来，它将与其他力量结合成真正的时代主流。是的，在这样一个曾经被我们奉若神明的悠久历史信仰坍塌殒灭、旧的社会法则逐步寿终正寝的时候，大众的势力将会所向披靡，并且势不可挡，日益强大。

我们即将进入大众时代。

欧洲各国的传统政策和君主之间的对抗，成功引发了19世纪之前的欧洲大革命。那个时代的大众信念和理想不过是权贵们肆意蹂躏的玩物，仅仅是茶余饭后的谈资而已，根本没有任何作用。截然不同的是，现如今，各种传统、统治者的个人倾向或权贵之间的相互对抗断然无法引发相关革命，反倒是，大众的声音已经取得了决定性优势。无奈之下，统治者不得不开始重视大众意见，更过分者唯大众马首是瞻。从此结束了由王侯将相的会议主宰民族命运的时代，步入了由人民的意志主宰的时代。

而我们这个过渡期，最引人注目的是大众的各个阶层正在进入政治生活。事实证明，他们正在成为统治阶层。众所周知，古已有之的普选制度在实行期间，那些拥有选举权的大众，向来都是无足轻重的。所以人们对那些貌似被大众推选出来的领袖，持质疑态度也在情理之中，这和政治权利的转移过程是否明智是同样的道理。

由于大众势力的壮大，那些被广泛传播的观念逐渐在大众头脑中扎根，这也使曾是一盘散沙的个人，逐渐团结逐步结为社会群体，他们有了为实现自己的理念和利益而进行抗争的强烈意识。

大众通过各种结集，逐渐掌握了那些和自己利益息息相关的信念和信息——即便信念不够正当但界限着实明确，大众意识到了自己的力量，进而成立各种联合会，这也迫使各个政权逐步俯首称臣。为了支配劳动和工资，无视一切经济规律，大众成立工会。最后演变成，越来越目中无人的大众支配着政府的议会，所谓的委员会的传声筒，就是那些优柔寡断唯唯诺诺的议员而已。

大众具有彻底的破坏性。而今，大众越来越清楚，他们秉持的信念，其实就是原始的共产主义。他们限制工作时间，把矿场、铁路、工厂和土地统统国有化，还试图平均分配所有生产资料——大有非摧毁当下社会不可之态，只是想着应该为百姓的利益而消灭王公贵族或商界巨头。现在的我们都深知，这作为一种原始信仰，只有在文明之前，才是正常的状态。而当时这种共产主义并非真正意义上的共产主义。

因为组织的力量，大众群体缺乏审慎的思考，且好冲动行事，认为自己所向无敌的势头日益彰显。我们都目睹过他们所信奉教条的诞生过程，然而这些教条很快就会拥有旧式教条的威力，拥有专横武断的专制——毋庸置疑，大众神权即将取代君主王权。

思想狭隘，观念陈腐，对任何新事物都疑虑重重，时时表现出低能弱智的肤浅和自私等，这正是当下这种时期中产阶级的普遍现象。由于惊恐于大众力量的日益强大，致使那些向来对中产阶级抱有热情的学者更是把这些特征表现到极致。濒临绝境、一筹莫展的他们，为了对付大众莫衷一是的观念和信仰，只能纡尊降贵，求助于往日他们嗤之以鼻的教会和道德。他们高调声明科学已经崩溃，向罗马教廷满心忏悔的同时，还提醒我们《圣经》有启示性真理的教诲。

但他们却不知道，现在为时已晚。由于大众早已不再关心宗教皈依之事，所以即便神祇真被他们打动，大众头脑也已经不受其影响。一切只能归咎于这些劝说者，而不是归罪于大众。他们早已抛弃了诸神，大众抛弃的，不过是他们早已抛弃的。无论天界还是人间，事实已成，覆水难收。

科学只是探索少量人类智力能够把握的相关知识，它也仅仅是探索真理，而无视人类的喜怒哀乐。科学无立场，它从不向人类承诺任何希望或幸福，更不会陷入当今社会这种精神上的无政府状态。事实上，这种群龙无首的状态，也不是科学导致的。人类唯一能做的是向科学妥协，没有任何力量能恢复被科学摧毁的幻想和希望。

大众最明确的意图就是：彻底摧毁一个衰败的文明，冰冻三尺非一日之寒。历史告诉我们，如果文明赖以建立的道德基础不存在，无意识的野蛮群体会通过各种革命迫使其毁灭或解体。创造和领导文明的，历来是少数知识精英而非大众，所以他们被称为野蛮人是名副其实的。然而大众只有强大的破坏力，且其意志永远停留在野蛮阶段。要想走出本能状态，懂得未雨绸缪，制定复杂典章，就必须进入理性状态的文明阶段，这也是文化的高级阶段。事实胜于雄辩，我们看到的是，仅靠大众本身是完全不可能实现这些目标的。毫不夸张地说，大众的纯粹性破坏作用和加速病危或死尸腐坏几乎没有区别，因为他们的确善于破坏一个旧世界，却不善于建立一个新世界。

古往今来，当一种文明结构即将瓦解时，促使它彻底颠覆的，几乎总是大众。也只有此时，才能更清晰明了地体现出大众的历史使命，那些群体的规则，被我们想当然地当成唯一的历史准则也就水到渠成。

无论人类即将面临什么，都必须接受群体的力量，这似乎成了所有国家统治者的统一信条，因为他们都意识到了群体力量的强大。所有反对群体信仰或观点的理论，也都徒劳无益，这也荣升为大家的共识。而这可能预示着西方文明的最后一个阶段倒退到群龙无首的混乱时期，每个新社会的诞生都不可或缺的标志就是——大众力量的崛起。

岌岌可危的难道只有西方文明吗？试问，我们的文明也会有同样的命运吗？

以史为鉴可以得智，这种担心并非杞人忧天，只是人们暂时无法给予相应回答。

我们注定都要屈从于大众的力量，纵然我们无法预知社会如何进展，介于群体鼠目寸光没有任何长远打算且又无视一切障碍的缘由，任何障碍必然都会被逐一清除。

研究大众心理的重要性。固然关于群体的话题已经成为热门话题，但我们对群体始终知之甚少。心理学专家对群体生活之所以熟视无睹，是因为感觉他们的心理与我们的实际生活很难沾边，即使偶尔有目光投向群体，也只是聚焦于犯罪群体而已。其实，犯罪群体只是其中之一罢了，虽然它确实存在，但过分忽略其他各类群体难免有些得不偿失。所以仅仅依靠研究犯罪群体来解构群体的精神构成，这就好比片面地用犯罪动机来剖析所有人的心理特征一样，只能以偏概全，结果也会让人匪夷所思。

纵览那些伟人、宗教创始人、开国君主等，不论是小头目还是所有信仰的使徒和杰出的政治家，他们都深谙群体心理学，纵然有可能只是下意识间的智慧。出于领导者对群体心理特性本能且可靠的认知，他们可以轻松地确立自己的领导地位。拿破仑凭借自己对法国大众那非凡的洞察力而战果累累，但由于缺乏对其他民族群体心理的了解，导致他征讨西班牙，尤其是征讨俄罗斯时不幸遭遇灭顶之灾。对于如今那些没有能力统治群体，只求充当唯诺者，避免被群体任意支配的政治家而言，群体心理学知识成了他们最后赖以生存的保障。

要想明白法律制度对群体作用的无足轻重，理解他们多么善于人云亦云，多么容易妥协于被强加的观念，领导者就必须要在一定程度上了解群体的心理。把握情感，才是真正领导群体的王道，依赖纯粹平等学说的时代已经远去。要知道，群体是情感的奴隶，找到可以让他们动心的事情和能够诱惑他们的事物，可以让你事半功倍。

我们会好奇：一个打算实施新税制的立法者，会选择理论上最公正的方式吗？

其实，相对普通大众而言，最不公正的方案是最好的。最容易让人忽视的就是那些不易懂又让人匪夷所思的制度。这也造成不论间接税多高，大众都会接受的现象。然而每天所支付的份额特小的消费品税金，完全也不会影响到我们的消费习惯，进而征税进展得神不知鬼不觉。但是若按薪资或其他收入比例征税，每次要求纳税人缴费一大笔，且不论这种税制理论上的负担如何的小，这都必然会遭受无数人的反对，

立法者深谙此道，大笔金钱的支付意味着刺激大众心理，进而采取零星税金代收，实在高明。只是因为新税的支付方式是在无知觉中进行，我们无从察觉。然而这种深谋远虑，大众是远远无法做到的。

例证很简单，原理也易于理解，拿破仑和先前诸多统治者都深谙此道，很遗憾当代诸多立法者对此茫然，这也致使他们无法领会这些原理。尽管他们经验丰富，他们还是不能更好地理解，为何大众异常排斥纯粹理性原则的指导。

大众心理学在各领域的诸多方面，都相对应用广泛。掌握这门科学，可以使你真正读懂历史和经济现象背后的深层原因。假设不懂这门科学，必然会有诸多历史和社会事件让你时常匪夷所思。本书会让你了解到，即便是被誉为法国最杰出的现代

史学家的泰纳[2]，由于他缺乏对大众心理学和人类本性的认知，对法国大革命的理解也是异常片面的。泰纳采用自然科学家的考察方法来研究法国大革命，众所周知，自然科学研究的对象是没有情感和道德因素的群体。然而，历史发展的真正缘由恰恰正是这些因素。显而易见，仅仅是实践层面，大众心理学也越发值得人研究。

不可否认，破译人类的行为动机，如同确定某种矿物或植物的属性一样有趣。

2 希波特·阿道夫·泰纳（1828—1893），法国19世纪杰出的文学批评家、历史学家、艺术史家、文艺理论家、美学家。他的主要著作有《拉封丹及其寓言》、《巴尔扎克论》、《英国文学史引言》和《艺术哲学》等，在欧洲文艺界引起过强烈而广泛的反响。

第一卷

群体心理的普遍特征

第一章　群体的普遍特征

从心理学角度看群体的构成

简单来说，当众多的人集合在一起时，就构成了一个“群体”。但若从心理学角度分析，这个“群体”还不能称之为群体，毕竟其中的每个人都还是独立的个体——没有共同的目标，没有共识的纪律，这些人只是偶然性相聚而已，其实与每个人自己独处时没任何区别。

群体，并非随便几个人就能构成所谓的群体，它是相对个体而言的。群体是指两个或两个以上的人，为了达成共同的目标，通过相关方式而聚合在一起进行活动的人群。所以，依据心理学的定义，诸多偶然聚集在公共场所而没有任何明确的共同目标的人群，只能看成一群在一起的人而已，绝不能称之为群体。比如传统节日里的聚会、集会或者协作劳动的集体等。

特定条件下，且也只有在这些条件下集聚成群的人，他们的心理才会表现出某些新的特点。此时他们的思想感情便聚焦于同一事物上，个人性格也随之消失。即便他们不再同处，但只要思想感情一致，那也算是同一个群体。在大家共同考虑相同的问题时，也就形成了一个群体。如国家大事，这就是比较典型的激情触动。尽管诸多的民族和国民都不可能同时出现在一处——人数实在太多——但不管他们身在何处，彼此相距多远，他们都会关注同一件事，思想永远在一个频道，没有任何区别。

我们很难准确地阐述群体心理，群体中，倘若构成群体的某个民族的人占群体比例有差异抑或其他组织结构差异，都会致使群体心理相去甚远。刺激因素的不同，群体心理也自然不同。即便是同类型刺激，也会因为刺激强度的差异，而导致不同的群体心理表现。

可见，诸多因素的变化加大了对群体心理研究的障碍，实际上，个体心理学的研究也同样会出现这些问题。

任何精神结构都有富含各种性格的可能性，然而环境突变更能突出地表现这种可能性。终生幸福不变的人，只存在于小说世界里。完全一致的环境，它可以塑造单一性的族群性格。这也就更好地解释了为什么曾经温和敦厚的法国国民沦落为残忍暴徒。

很显然，环境的变动左右了他们的性情。环境正常时，民众安分守己，官员体贴民众；环境突变时，他们便会邪恶、残暴，更甚者骇人听闻。暴动得以平息，暴民便又惯性地恢复老实与温厚，大英雄拿破仑[3]的那些俯首帖耳的恭顺臣民，曾经大多数都是残忍、无情的暴民。

介于无法全面地研究那些强弱程度不同的组织群体，我们选择重点研究那些成熟群体——已经完全进入组织化阶段的群体，或者说心理群体。唯有这样，才能让我们看清楚群体演变的最终结果——无论最终变成什么模样——它肯定不会原地踏步，只有在这种已经出现组织倾向的群体中，才能更好地探知那些未知且莫测的特征。

群体存在的心理特征中，有些特征同于个人，有些则是完全专属于群体，只能在群体中方能觉察到，这也正是我们探究的心理特征。

一个心理群体最惊人的特点：群体中的成员，无论是谁，无论生活方式多么迥异，也无论什么职业、什么性别、什么智商，只要他们是同一个群体，就会拥有同一种情感取向——集体心理。

退一万步讲，如果不在同一个群体，那么有些观念和感情，独立的个人是完全无法产生，即便产生，也不可能转化为行动。但是当个人成为群体成员的时候，我们会观察到他言行举止中不可思议的变化。

3 拿破仑·波拿巴（1769—1821），叱咤风云的西方之皇，公认的战争之神，是欧洲历史上最伟大的四大军事统帅之一（亚历山大大帝、恺撒大帝、汉尼拔、拿破仑），一生中指挥大大小小的战役有60多场，比历史上亚历山大大帝、恺撒大帝、汉尼拔等所指挥的战役总和还多，拿破仑因此成为欧洲不可一世的霸主，成为与恺撒大帝、亚历山大大帝齐名的拿破仑大帝。

群体心理的共同特征

把完全不同的个人组织到一起，就会是一种全新的存在，而这种全新的存在与构成这种存在的任何个人都没有共同之处。当独立的个体成为群体成员之一时，他的情感、思维以及行动都会与单独行动的时候大有不同。

心理群体是一个暂时组成的群体，成员的品质千差万别，当足够数量的不同个体聚集在一起，就好比诸多有机生物聚集后所形成的细胞一般，在它们组成一个新生命体时，其特征与构成自然完全不同于之前的细胞组织。

哲学家赫伯特·斯宾塞[4]对群体心理有一个错误的见解：一个群体的表现，是该群体构成要素的总和，或是它们的平均值。此观点显然不正确，它还缺乏统计学上的依据和相关例证。群体表现的实质就好比几种化学元素反应后形成的新物质一样，如酸碱化合，会生成全新的化学物质，也正是由于前后属性的不同，才使得它拥有新元素的基本属性。

群体中的个人行为表现具有四个特点：

---

4 赫伯特·斯宾塞（1820—1903），英国社会学家。他被人称为“社会达尔文主义之父”，他把进化理论适者生存应用在社会学上，尤其是教育及阶级斗争中。

一、自我人格的暂时消退；二、无意识本能起决定性的作用；三、情感和思想所受的种种影响转向同一个方向；四、暗示具有即刻转化为行动的冲动。

证明群体中的个人行为不同于孤立的个人并不困难，然而困难的是寻找原因。若想了解其中原因，就必须牢记现代心理学的真理：无意识本能不但存在于有机体的生活中，而且还存在于智力活动中，它完全发挥着压倒性作用。有意识因素与精神生活中的无意识因素相比较而言，始终是作用微妙。无论分析家和社会学家多么的细心和敏锐，他们所观察到的无意识动机，都不过是九牛一毛。

群体中，个人的才智和个性都会被削弱，相应的作为个体的异质循环被同质化，取而代之的是集体无意识品质，而正是这种无意识品质，它可以决定群体的智慧。

我们追问，为什么群体不能完成高智力工作？这一切均源于群体那很普通的品质。倘若涉及大众利益的决策，大多只能依赖形形色色的专家和精明的领导者在会议中做出决定。总让人哭笑不得的是：即使是业内优秀专家的决定，也未必就优于那些蠢人的决策。

专家无论如何高明，但凡受困于群体意识，也必然沦为平庸之辈，进而处理工作也只能庸碌而为。确实，群体品质的叠加源于愚蠢的叠加，毕竟真正的智慧早被集体无意识给淹没了。

我们惯用“群众的眼睛是雪亮的”来强调大众在智力上的优势，事实说明，任何独立的个体都会比“群体”更聪明，而最不靠谱的也往往是大众的智慧。如果“整个世界”是指大众群体，那么“整个世界要比伏尔泰[5]更聪明”就根本无法成立，倒是“伏尔泰比整个世界更聪明”更值得人信赖。

群体的凝聚力越强，就意味着越容易导致群体思维的错误；反之，就越不容易形成统一、正确的意念。更糟糕的是，这个正确的结论与推出此结论的原始论据产生了直接冲突。倘若群体中的个人把自己的愚蠢及平庸集中地表现出来，试问群体创造出的全新特征又该从何说起呢？这也是我们正要探讨的问题。

5 伏尔泰（1694—1778），原名弗朗索瓦•马利•阿鲁埃，伏尔泰是他的笔名。法国启蒙思想家、文学家、哲学家。伏尔泰是18世纪法国资产阶级启蒙运动的旗手，被誉为“法兰西思想之王”“法兰西最优秀的诗人”“欧洲的良心”。

受无意识本能支配

现实生活中，我们的绝大多数行为，都是出于自己无法了解的隐蔽动机的结果，然而我们却普遍认为自己的动机和行为是经过理性意识而产生的。有太多让我们意识不到的理由，悄然隐匿在似是而非的根源背后。这恰恰是由于我们的有意识行为主要受遗传影响，它是深层无意识本能的产物。

这些无意识的本能隐藏着世代相传的共同特性，巧妙地构成了各个种族的先天秉性，由此可见，同民族的个人特征极其相似，即便略有不同，它们也只是更多体现在意识层面而已，其他部分是教育的结果。我们承认教育能扩大人与人之间的差异，但真正决定性格的仍然是固结在基因链条上面的独特遗传特征。

若要追究相关症因，就务必重视现代心理学所提供的正确思维分析——无意识本能不但主宰着有机体的生活，而且主宰着有机体的智力活动。

意识，在所有决定我们行为和精神生活的因素中，是人们最为熟知的因素，然而它的作用微乎其微，相对潜意识作用而言，更是不值一提。

纵然人们在智力上的差异有着天壤之别，但本能和情感却异常相似，尤其在信仰、政治观点、道德评价、个人爱憎等这些近乎纯粹的感性表达中，多数人几乎秉持完全一致的情感本能。即便那些博学多才、理想远大者，他们的本能和情感也并不比凡夫俗子理性多少。

由于惯性思维，我们会多少认为智力超凡的人在其他方面的表现也依旧是出类拔萃。但是事实告诉我们：同一种族的人都有着某种普遍的性格特征，这种差异不会因智力上的差距或后天的教育而有丝毫变动。所以，一个种族中的大多数人在同等程度上所具备的相关特征，也就变成了群体的共同属性。

一个鞋匠和一个数学家，在智力上纵然有天壤之别，但从性格角度分析，他们的差别微乎其微，甚至可以说找不出任何差别。

这些普遍的性格特征，削弱了个人才智和特性的同时，也同化了彼此的差异，导致人类的无意识占了上风。

个人责任感缺失

我们可以通过下面这个小故事说明群体会使个人责任感降低到何种程度。

有一天，在美国纽约郊外的某公寓前，一位叫朱诺比的年轻女子，她在结束酒吧工作回家的途中突然遇刺。于是她绝望地喊叫："有人要杀人啦！救命！救命！"听到喊叫声的同时，附近住户亮起了灯，打开了窗户，吓跑了凶手。可是当一切恢复平静后，凶手又返回作案。

当被害人再次喊叫时，附近的住户又打开了电灯，凶手又逃跑了。

她以为自己没事了，没想到上楼的时候，凶手再次地出现，结果这名可怜的女子被杀死在楼梯上。这个过程中，虽然她大呼救命，而且到窗前察看的邻居也至少有38位，但是却没有一个人来救她，甚至连报警的人都没有。

这件事引起纽约社会的强烈轰动，也引发了社会心理学工作者的重视和思考。

心理学家调查发现，不能单纯地把这种现象背后的原因归咎于大众的冷酷无情和社会的道德沦丧。因为在不同的场合，人们的援助方式确实不同。如果有人遇到紧急情况，此时又只有一个旁观者，这个旁观者就会清醒地意识到自己的责任，及时对受难者给予帮助。因为如果这个旁观者见死不救，他心里必然就会产生罪恶感、内疚感，他会付出很高的心理代价。然而在在场者众多的时候，情况就不一样了，帮助求助者的责任人人都可分担，这样便造成责任分散。每个人分担的责任越少，责任感也就越弱，甚至还有可能忽视这份责任，产生“我不去救，别人会去救”的麻木心理，因此人越多，群体会越麻木不仁。

对个人来说，一般情况下，群体中的个人会感受到强烈的“正义”力量，对他们来说群体的行为就是正义的行为，行为的后果由集体承担。于是，那些胆大妄为之徒便会做出不负责任的行为，他们忘情地肆意发泄自己本能的欲望。群体让个体成员的行为不再受众人监视——众人也只监视群体整体行为。每个融入群体中的人，都仿佛穿了隐身衣，如同一个隐姓埋名的作案者。因此，约束个人的责任感和道德感彻底泯灭——人们找不到理由再自我约束，更无法控制本能的放纵不羁。

所以，群体行为具有不可思议的极端——最崇高或者最卑劣；最正义或者最邪恶。

容易因情绪传染而从众

相互传染的情绪决定着群体的特点，决定着群体行为选择的倾向以及群体接受暗示的倾向。传染是否存在很容易确定，但要解释清楚传染如何影响群体却并非易事，我们必须把它视为一种催眠方法。在群体中，每种感情和行动都具备传染性，其程度之强，足够使个人随时准备为集体利益牺牲自我。这是一种与本性完全对立的极端，如果不是群体中的人，他很难具备这种勇气。

被群体情绪传染的个人，他会感觉自己拥有了前所未有的强大力量，然后任凭这种陌生的力量左右，由于心头弥漫的壮怀激烈的情感，他的行为背离日常习惯，与他独立生活时判若两人。

并不是每个人都会被群体情绪所传染，那些未被群体情绪所感染的人就会沦为集体情感的敌人。这股非理性力量主宰着被传染了的群体，他们为所欲为，直到这个群体不断分化，才得以平息这种极端的情绪。

非群体成员都能或多或少地看出群体情绪对个人的影响，即使是智力低下的凡夫俗子也能迅速做出判断。然而即使是天资过人的心理学家，也未必就能说清群体情绪是如何影响个体的。下面的小故事就很好地反映了群体情绪是如何影响个人的。

1523年6月上旬，伦敦的算命者和占星家预言：泰晤士河潮水会于1524年2月1日淹没伦敦城，上万户居民的房屋将会被冲毁。在预言发布后的几个月里，所有的盲从者都不厌其烦地重复着这个预言，越来越多的人选择相信。人们纷纷打点行装迁居至伦敦城外的地区。这种迁徙行为更加速了预言的传播速度。当距离预测的灾难日越来越近时，移民的数量也在飞速增加。

1524年1月，携妻带子的平民百姓，成群结队地步行到遥远的村庄去躲避灾难，达官贵人则乘坐马车赶到那里。到1月中旬时，至少有两万人离开了伦敦。人们认为，伦敦是一个注定要被毁灭的地方，有钱人还特意在其他城市的高地上安家，即使是学识渊博的神职人员也不例外。

出人意料的是泰晤士河潮水并没有在预期的日子袭卷伦敦，愤怒的人们准备将预言家投入河中。预言家灵机一动，声称洪水淹没伦敦的日期并没有错，只是发生在下个世纪，由于自己计算疏忽，进而算错了一个小数字。

如此低劣的胡言乱语，却在群体之中广为传播，由此可见，群体有多无知，这也说明出于本能恐惧的情绪力量的确具备传染病一样的威力。除了令人狂乱之外，还能摧毁一个人的心理防御机制，使人的行为彻底突破正常的人格界限。

容易因接受暗示而从众

大多数时候的我们都是理性的，知道是非善恶，也知道趋利避害。然而这种理性，只存在于我们作为独立的个体时。只要我们加入了某个群体，上述的行为能力与制约作用就会随之消失，我们会被带入一种完全失去理性意识的状态，对那些使自己失去人格意识的暗示者唯命是从，因此，我们会做出一些和我们性格、习惯完全反常的行为。

正如人被催眠师晃动水晶球催眠了一样，他陷入了极度兴奋的无意识状态。大脑的理性活动被抑制，正常的思维活动被麻痹——这时的人完全听命于脊椎神经接收到的外部信号，沦为了催眠师随意支配、完全无意识的奴隶！当人们有意识的自我人格消失得无影无踪，原本明晰的意识与判断力荡然无存时，他们的思想便完全听命于催眠师的指令，情感也沦为可以操纵的对象，对催眠师的信任近乎迷信状态。

心理群体中的个人处在这种状态时，也会像被催眠的人一样，随着某些能力被破坏，进而某些能力得到异常地强化。在某种暗示的影响下，个人会无意识地冲动行事。这种暗示对群体中的所有人都有同样的作用，成员之间的相互影响可以增强它的力量，这比被催眠者的冲动更加无法抗拒。意志力强大到足以抵制这些暗示的个人寥寥无几。这种现象根本无法逆流而动，要么离开这个群体，要么融入这个群体。要想改变群体的种种行为，除非首先改变这种暗示。

有时候，一句悦耳的言辞或一个被及时唤醒的形象，都可以阻止群体的血腥与暴行。

我们的潜意识都酷似潘多拉的魔盒，被打开便意味着释放出大量本能性的冲动力量。暗示——以一种难以置信的方式强行取代群体成员的个体人格——也许只是将某种蛰伏力量唤醒，但是这种被唤醒的力量，足够强大到湮灭群体性格的诸多原有部分。

人类历史上，那些所有揭示未来奥秘的手段中，象征和征兆极为重要。许多事物都被预言家们看作或凶或吉的预兆，但是只要我们稍微理性分析，便能看出这种方法荒唐至极。

迷信征兆的人大量存在，不仅有社会底层的百姓，还有诸多学者、政客和军人。对那些软弱又轻信的人来说，在清晨遇到一头母猪或黑猫，就意味着一天不吉利；遇见一头驴，则意味着要遭遇不幸。如果梦见掉头发，便认为将有亲人发生不幸，更有甚者认为其他人也会霉运连连。简直让人哭笑不得，这也正是很多地方的大楼，都没有十三与十四层的原因。

群体具有一种自动放大非理性冲动的特征——暗示能对群体中的每一个人产生相同的作用，这种作用伴随群体的情绪传递链条会逐渐强大，这些情绪会使他们做出超乎想象的事情。除非有谁熟谙群体特性与暗示技巧，否则想平息这种群体性冲动就无异于天方夜谭。

由于上述原因，所以我们看到陪审团做出了与陪审员截然不同的判决，议会实施着身为个人的每个议员都不可能同意的法律和措施。法国大革命时期，国民公会的委员都是彬彬有礼的文明公民，但自从结成群体之后，却毫不犹豫地执行了那些违背人伦的指令，做出了惨无人道的野蛮暴行，无数清白无辜的人被送上断头台。不但如此，他们还放弃了自己的利益，放弃了自己作为贵族的特权，尤其可悲的是，即使面对自己群体的成员，他们也同样滥杀无辜。

群体人不但在行动上与独立个体有着本质的差别，而且在完全丧失独立性之前，他们的思想情感也已经发生了变化。这种变化非常彻底，以至于让守财奴变得挥霍无度，把怀疑论者改造成忠实信徒，把老实人变成罪犯，把懦夫变成勇士。这也让我们更好地理解为什么1789年8月4日夜，法国贵族们会因一时情绪激昂，全然放弃自己的特权。试想如果让那些贵族单独考虑这项决议，恐怕任何一个脑子正常的人都不会支持这样的选择。

这是群体低于独立个人智力的有效证明，若从感情及其激起的相关行动来看，群体既可以比个人表现得更好，也可以比个人表现得更差，这完全取决于环境和群体所接受的暗示性信息。这也正是仅从犯罪学角度去研究群体心理特征的学者完全无法理解的要点。

自我人格消失

伴随着人的有意识人格消失，无意识人格便会逐渐大行其道，思想和感情也都会因暗示的力量相互传染，致使集体意识转向一个共同的方向，暗示信息理所当然地就会转化为行动的倾向。

融入群体后，个人的明确身份与个性逐渐消失，直到个人彻底沦为不受自我理智控制的玩偶。群体人不只是在行动上与个人的普遍行为无法一致，思想感情更是截然相反。理智的个人都有着明确的目标去做每件事情，但是群体人却时常茫然无知。正如生物本身有自己的行为目标，但构成生物本身的细胞，却没有目标一样。

孤立的个人，在他意志独立存在，或拥有正常智力的时候，可能都很有教养，至少他是一个能够自我约束的文明人。然而当他沦为群体中的一个有机分子时，立即就退化到了原始人的状态，此时的他，只受无意识本能的支配，表现出原始人特有的热情和慷慨。和原始人更为相似的是，群体人甘愿让自己被各种言辞和形象所打动——当他们孤立存在时，这些言辞和形象根本不会对任何人产生影响。但处于群体中，他们会情不自禁地做出与自己利益完全相悖的事，或者与自己平时习惯截然相反的举动。其实作为群体中的独立个体，都不过是众多微尘中的一粒，他们可以被风吹到任何地方。

这就把群体人拉入了文明人的黑名单。

曾经有过这样一个案件，原告是一位未婚的女孩，一天，她应邀到被告家看马戏表演，她刚入座，被告的仆人牵着一匹马穿过大厅来到她的面前表演马术。

由于这匹马的屁股对着原告，把马粪拉在了她的大腿上，在场的所有人看到这幕之后，非但没有人去帮助这个小姑娘，反倒哄堂大笑。原告因此羞愤尴尬，恨不得找个地洞钻进去。由于受了极大的精神刺激，原告盛怒之下便把这些人全都告上了法庭，起诉书中罗列了各种起诉理由，第一条就是：这些人良知感极低，他们麻木不仁，把自己快乐建立在别人的痛苦上。

令人欣慰的是，法庭完全支持原告的看法。在将所有事实公布出来后，得出了原告受害的结论，最后判被告赔偿5000法郎作为原告的精神损失费。

由此可见，决定着群体人行为的关键要素是原始的热情和无畏。作为一个理性人，所抱有的是持续性的质疑精神与独立的思想意识，所以必然缺乏这些特点。群体，无论是哪一个群体，都只能说他们更像一个原始人的乌合之众！

中世纪的13 世纪和14 世纪，突发的鼠疫肆虐着欧洲大陆，夺去了整个欧洲约$^{1}/_{3}$ 甚至是半数人的性命。由于鼠疫在当时无药可治，于是，人们认为它是一种超自然力量，是上帝为了教训人类而施行的惩罚。

为了躲过鼠疫之灾，大规模的鞭笞之风开始盛行。受鞭笞者认为只有鞭笞自己，让身体遭受其他的惩罚，上帝才认为自己已经受够了惩罚而不会再让他感染鼠疫。鞭笞之风蔓延至整个欧洲，最初，教会也并未把这种赎罪的自虐当回事儿，直到鞭笞风气盛行得无法掌控时，教皇才意识到问题的严重性，于是颁布了禁止法令。

对于那些仍然痴迷自我鞭笞的人，他们不是被绞死就是被斩首或烧死。更加令人匪夷所思的是，教会竟然命令一些渴望受鞭刑的人聚集到罗马城的圣彼得大教堂的圣坛前，任由主教亲自鞭打。

人们觉得在鼠疫横行的岁月里，火急火燎地寻找那些替罪羊进行自我赎罪是人之常情，这种趋势下，任何面相丑陋和行为古怪的人都会被质疑。然而人群中，富人、残疾人和犹太人最容易遭受攻击，接踵而至的是各种惨不忍睹的迫害行径。其中弗莱堡和巴塞尔城的那些犹太人，他们被成群结队地赶入巨大的木制建筑中，进而活活地烧死。这个过程中，诸多的犹太人为了拥有容身之所，被迫流亡到了德国东部和波兰，这里成了他们唯一的天堂。

人们会想，众多人群中，难道就真的找不到几个睿智且理性的人，向民众揭露事情的真相吗？令人失望的是，没有人可以胜任这个角色。事实也证明，群体之中的确不存在理性的人，正如我们前面所说，群体可以强大到消灭个人的独立意识和思考能力，然而在这些独立意识被完全消灭之前，他们的思想与感情就已经被群体同化了。

一切文明的创造者都是群体

综上所述，我们知道，群体智能的内外表现远远不如这个群体中的个体人。不同的是，群体的表现极度不稳定，但是个人的种种表现，始终都能维持在正常水平线上的。群体的各种行动完全受感情的羁绊和左右，不可否认的是：感情的强弱直接决定着群体的行为能力。群体的表现是否可以比个人更好，这是完全取决于周边环境的，而且影响群体的暗示信息可以干扰或左右群体的举止。当暗示具有积极、进步、有意义的特性时，群体的表现往往也都是正面的。与此同理，如果对群体行为的暗示具有负面性质，这也必然会导致群体的表现处处彰显着恐怖、血腥与暴力。就好比把群体看作一个人，这时主宰群体行为的暗示力量便是人的思想：如果这个人的思想是善良的，这个人也必然会是善良的；然而，如果这个人的思想很邪恶，可想而知，这人也必然是个邪恶之徒。

纵观古今，我们明白群体是骚乱的根源，但这种骚乱更多地体现为一种无所畏惧。

各种令人眼花缭乱的利他主义行为粉墨登场。如赴汤蹈火、慨然就义抑或因某种教义和观念而将生死置之度外等，这些都寄生在群体之中，对于一个孤立的个体来说，这似乎就是天方夜谭。

只有群体，才会时刻张扬着大无畏的凛然气节，而且在慨然赴死的关键时刻还会充满无比悲壮的激昂与荣誉感。十字军东征[6]时代的悲情故事里面，欧洲的骑士们漂洋过海远赴伊比利亚，就在全无粮草和装备，更看不到援军的情形下，还依旧雄赳赳气昂昂地向穆斯林讨还基督的墓地。我们不禁感慨，或许也只有在群体中，他们才能如此疯狂。1793年，既缺乏粮食又缺少武器的法国，面对反法同盟的强攻，他们奇迹般地挫败了反法同盟。不可否认，拯救了法兰西共和国的正是：群体大无畏的革命英雄主义。毫无疑问，这种英雄主义是无意识中建立的。法国的卓越反击战再一次证明，只有无意识的心理特性，才能催生出伟大的英雄主义，也正是这种无意识的英雄主义可以再度创造历史。试想倘若群体也像个体成员那般冷静和功利，又怎么会创造出诸多美轮美奂的世界历史？

6　十字军东征（1096—1291），是一系列在教宗准许下进行的著名宗教性军事行动，由西欧的封建领主和骑士对地中海东岸国家发动的战争。当时，原属于罗马天主教圣地的耶路撒冷落入伊斯兰教国家手中，罗马天主教为了收复失地，便进行多次东征行动。但有一些东征是针对天主教以外的其他基督教派，并非都是针对伊斯兰教，如第四次十字军东征就是针对东正教的拜占庭帝国。

第二章　群体的感情观和道德观

感情的傀儡，刺激因素的奴隶

在概括性地阐述了群体的主要特点后，接着要对这些特点的细节进行研究。

需要说明的是，群体的特点，如冲动、急躁、缺乏理性、缺乏判断力、缺乏批判精神、感情夸张等，其实几乎都可以在处于低级进化状态的生命中看到，例如野蛮人和儿童。

下面我需要按部就班地讨论一下，在大多数群体中，人们可以看到的不同特点。

群体几乎完全受无意识动机的支配。在群体中的人们，他们的大脑功能处于停滞状态，所以个人行为主要受脊椎神经的支配而并非我们的大脑，这种情况下的行为，只是一种本能性的反应而已。我们完全也可以将群体视为对文明茫然无知但又充满破坏欲望的野蛮人，之所以这样说是由于群体的思维、行为都无比雷同于原始人。

施加于群体的所有刺激因素，也同样作用于独立的个人，这时的个人，便会依据刺激因素而取舍自己的行动。当然所有的刺激因素也或多或少地影响群体，并且群体拥有肆无忌惮地随机应变能力。虽然独立的个人和群体中的个人一样，都会受到刺激因素的影响和左右，但是独立的个人，他们的大脑会清醒地意识到冲动是魔鬼，他们完全具备自我约束的能力。不同于群体中的个人的是，独立的个人，他们拥有坚定的意志和清晰的意识，他们忠实于他们自己。

所以说，群体是刺激因素的奴隶，他们好比行尸走肉般无法自我主宰；而独立的个人具有主宰自己反应行为的能力，他们不会轻易沦为感情的傀儡。

众所周知，所有的情感之所以不变是由于种族因素，这些因素也同时影响着群体，正如它会影响到我们所研究的大众感情一样。所有的群体无疑总是急躁而冲动的，只是程度深浅不同罢了。比如由拉丁民族构成的群体和由英国人构成的群体就有十分显著的差别。法国历史上的事件有力地证实了这个观点。1870年，普鲁士首相俾斯麦[7]公布了一份很有挑战意味的“埃姆

7 奥托·冯·俾斯麦（1815—1898），普鲁士宰相兼外交大臣，被称为“铁血首相”。奥托·冯·俾斯麦是德国近代史上一位举足轻重的人物，是普鲁士德国容克资产阶级最著名的政治家和外交家。1862年上任时提出“铁血政策”，并于1866年击败奥地利统一德国（除奥地利），1870年击败法国使德意志帝国称霸欧洲大陆。俾斯麦结束了德国的分裂，完成了德意志的统一。2005年11月28日，德国电视二台投票评选“最伟大的德国人”，俾斯麦名列第9位。

斯”电报[8]，就意外激起了普鲁士和法国人民的民族仇恨，最后

8 “埃姆斯”电报背景：1866年，普鲁士军队在同奥地利军队的战争中大获全胜，击败了奥地利，扫除了普鲁士统一德意志各邦国的一个强劲对手。此时，普鲁士在统一德意志的进程中还剩下最后一个障碍——法国。法国虽然在普奥战争中保持中立，却不能容忍普鲁士的强大，以免威胁自己。普鲁士宰相俾斯麦决心同法国一搏高低，决战一场。他一方面努力从外交上孤立法国，另一方面千方百计寻找对法国宣战的借口。

1868年，西班牙王位继承问题再度出现危机，俾斯麦暗中敦促西班牙王室迎请普鲁士的利奥波德亲王去继承王位。利奥波德亲王起初虽然有些犹豫，但经不住俾斯麦的再三劝说，最后只好应允了。

俾斯麦之所以在西班牙王位问题上大做文章，是因为他知道法国绝对不能容忍普鲁士王室成员去统治西班牙，这或许会成为法国向普鲁士宣战的导火线，而普鲁士自然会“被迫”作战。果然，法国的拿破仑三世向普鲁士国王威廉一世提出了强烈抗议，并指令法国驻柏林大使贝纳得梯晋见正在埃姆斯温泉疗养胜地疗养的威廉一世，同他就这一问题进行谈判。

威廉一世见法国对利奥波德亲王继承西班牙王位如此介意，便劝说利奥波德亲王放弃了王位。贝纳得梯将这一情况报告了拿破仑三世，不料拿破仑三世早有同普鲁士交战的想法，便指令贝纳得梯再次晋见威廉一世，要求他承诺在将来任何时候，都承担阻止利奥波德亲王继承西班牙王位的义务。

威廉一世对法国的这一粗暴无礼的要求十分恼火，因而拒绝了。拿破仑三世有心激怒普鲁士人，便告诉普鲁士驻法大使，法国不仅要求威廉一世承担阻止奥利波德亲王继承西班牙王位的义务，而且要求他发表一份声明，保证他不损害法国利益和有辱法兰西民族的尊严。贝纳得梯又一次奉命求见威廉一世，以书面形式提出了这一要求。

威廉一世对法国的无礼已经痛恨不已，便拒绝接见贝纳得梯，但他在前往火车站准备离开埃姆斯疗养地时，却又遇见了贝纳得梯。威廉一世告诉贝纳得梯，除了已经申明的，他再没什么可说的了，但不妨在柏林继续就这一问题进行谈判。后来，威廉一世嘱咐一位普鲁士外交官将这一天的事情经过，及他同贝纳得梯的谈话内容写成电文，拍发给俾斯麦。这份电报的主要内容是这样的：“法国大使贝纳得梯在花园里咄咄逼人地向国王提出要求，要国王允许他立即发一封电报到巴黎，说国王保证将

引发了一场彼此都损失惨重的普法战争。几年之后的一份电报再次激起了人们的怒火，只是因为电报涉及了关于法国兵败中国谅山（现为越南北部城市）的事，其实这的确无足轻重，但是却当即摧毁了政府。让人匪夷所思的是，同一时期的英国，喀土穆的远征也遭遇了一次非常惨重的失败，但这次惨败只是引起了国内轻微的不满情绪而已，甚至没有解职任何一个大臣。

如果一个人意念总是摇摆不定，全权仰赖冲动去草率行事，这种情况实在无异于在悬崖边上散步，指不定哪天就会跌入万丈深渊。刺激群体的因素纷繁复杂，面对诸如此类的低层次刺激，若群体只是知道屈服退步，他们必然会莫衷一是。

还记得第一次十字军东征时期，当安条克城[9]被波斯的苏丹带领一支大军包围时，这一刻的十字军，都已是心灰意冷、无心恋战，他们躺在房子里拒绝出门迎战。在任何威逼与利诱都已然徒劳的时候，统帅便纵火燃烧将领的房屋，可是纵然这般威逼利诱，士兵们依然坚持葬身火海而不回头。

其实，这位统帅并不懂得群体的真正性格，所以才不知所措，这时，一位年长的牧师出现并且巧妙地策划了一出戏，成

来任何时候都不会同意利奥波德亲王继承西班牙王位。国王对这一既不公正又不可能承担的义务，予以严词拒绝，并声明这个问题与普鲁士政府并没有多少利害关系。由于我的建议，国王决定在涉及这一问题时，不再接见贝纳得梯大使，而只派一位侍从副官告知他：'国王陛下现已收到亲王的来信，证实了贝纳得梯从巴黎获得的消息。此外，再没有什么可谈的了。'国王陛下留待您决定，贝纳得梯的新的要求以及国王的拒绝，是否通报给德国驻外使节和报界。"

9 安条克城，存在于1098—1268年，是第一次十字军东征时期欧洲封建主在亚洲所建立的一个十字军国家。

功地让十字军信心大振、斗志昂扬。可喜可贺的是，这些之前已然灰心丧气的士兵奇迹般地重新行动，击败了六倍于己且精力充沛的波斯人。

这位牧师编造了一个这样的离奇故事，他自称在攻占安条克城之前，自己曾经遭受危险。当他高声呼救上帝的时候，出现了两个头戴光环的神灵，他们授予他一根长矛，并声称这是当年拯救世界的长矛。随后使者又将长矛埋进了土里，并且告诫牧师，等到安条克城从异教徒的魔掌中解脱之后，十字军才可以挑选12个人来此挖出长矛。

十字军的统帅们便开始实施这个计划，他们挑选了12个虔诚的人，一起去寻找那支神圣的长矛。从天微亮就开始挖掘直到日落西山才停止，他们始终一无所获。正担心会无功而返时，牧师突然跳进一个坑里，念念有词地向上帝祈祷：为了增强人们的力量，夺得最后的胜利，祈求上帝把手里的长矛展现在大家面前。刚刚祷告完毕，统帅们就看到了土中的长矛尖，他们合力将长矛拉出，泪流满面，周围的士兵全然看在眼里，他们万分感动，竟然不知道这是早已预谋好的。

就这样，这支长矛用一块紫红色的布包裹好，被当成了圣物在十字军中传看。十字军的士气也因此奇迹般地迅速恢复了，每个士兵都摩拳擦掌、跃跃欲试。纵然他们饥肠辘辘，但浑身却充满了力量，急着上阵杀敌。

这个例子证明，对于群体而言，它从一个极端转变到另一个极端，是轻而易举的事。

群体感情与情绪极端化

群体的感情与情绪，在短时间内从一个极端跳到另一个极端并不难，下面的范例也是明证。

1879年，在捷克的比尔森地区，有一个叫扬纳切克的吉卜赛人，这位吉卜赛人因为宣传叛乱罪被判处绞刑，但他底气十足地宣称自己无罪，会转危为安。结果如他所料，由于行刑那天恰逢皇帝生日要大赦一天，他因此死里逃生。第二天再次行刑的时候，官廷意外发生政变，刑场被暴乱者所占领，皇帝被推下了宝座。由于叛乱的镇压，又使得他平安地度过一周，之后他再次被拉上绞刑架终被绞死。不久，所有事实证明，此案与死去的吉卜赛人无关，其实是另一个与他同名的人所为。无奈之下，众人把他从犯人墓地挖出来，为他平反后，改葬到天主教徒的墓地。天不尽如人意，后来又有人发现他不是天主教徒而是新教徒，只好又把他从墓地里挖出来，改葬到福音派教徒墓地。

综上所述，群体不仅是在好恶之间莫衷一是，而且也可能瞬间就从最野蛮、最残忍的狂热过渡到最极端的仁慈与慷慨。群体可能轻易就做出连刽子手都敬畏三分的残暴行为，但也可能会在瞬间，执着于某种教义或信念进而慷慨就义。

群体可以加强其成员中已存在的倾向性，他们可以使一种观点或态度从原来的群体平均水平，加强到占支配地位的标准水平。

道理很简单，群体的讨论可以加强群体中多数人同意的意见，促使原来秉持这种意见的人们更加坚信不疑。就会形成：原先群体支持的观点，讨论后会变得更加支持；而原先群体反对的观点，讨论后反对的程度便会更强。最终，群体的意见会出现极端化的倾向。由于群体气氛的影响，致使个人在参与群体讨论时，也会出现支持极端化决策的心理倾向。

积极的是，这种极端化表现能促进群体意见达成一致，增强群体的凝聚力；消极的是，它能使错误的判断和决策更加极端化。我们都知道在一个具有强烈集体意识的群体内，会很容易产生群体的极端化，也正是在这样的群体中，相关成员对群体意见才会频繁做出比实际情况更统一且更极端的错误决定。

冲动易变的群体

易变性使群体难以操控，尤其是当群体掌握公共权力的时候。

日常生活中，一旦各种事情所构成的无形因素不复存在，也就意味着民主持续时间的短暂和仓促。纵然群体拥有诸多狂躁的愿望，但终究无法持久。虽然他们持有共同目标，但这些经不起折腾和考验的群体意识，会随时受外在因素的干扰而自我改变。

这也就说明了群体在转眼之间从残忍野蛮蜕变成仁慈慷慨的关键原因。群体的可塑性特别强，他们可以比刽子手更冷酷，也可以视死如归。唯独群体才会为坚守信仰而不惜血流成河。当然我们也不必回顾英雄主义时代，来了解群体在这方面的无穷力量。纵观历史，群体人在起义中向来毫不吝惜自己的生命，19 世纪末，一位骤然声名鹊起的布郎热[10]将军，可以不费吹灰之力就让十多万人为他卖命，只要他一声令下，他们便会鞠躬尽瘁，死而后已。

群体顺服于各种冲动，无论是豪爽的、残忍的、勇猛的还

10 乔治•厄内斯特•布朗热（1837—1891），法国将军。为了在法国建立自己的军事专政，打着对德国复仇战争的旗号，领导法国沙文主义运动。

是懦弱的，只要这种冲动足够强烈，那么个人利益甚至生命都将难以与这些所谓的冲动抗衡。群体还总是屈从于种种刺激，由于群体的刺激因素多种多样，进而导致群体心理异常善变，毕竟群体是不会做任何行为规划的。他们就好似随风飘落的树叶，风吹向哪儿他们就飘向哪儿，直到尘埃落定。

下面是所有群体中情绪最极端且最摇摆不定的一种情绪——革命群体的情绪，这种情绪也在我们的研究范围。革命群体疯狂到可以被最矛盾的情感肆意左右，他们完全不理会相关情感与之前的情感是否完全对立，而是只受眼前刺激因素的影响，任何的风吹草动都可以转变他们的心理倾向。

我们会在此后的章节中，针对法国大革命时代的多变群体进行专门论述。我们将会看到，构成群体的法国人，他们的感情是多么极端化地反复无常。

不能认知障碍的群体

群体的情绪不仅冲动多变，而且还像愚昧无知的野蛮人一样，他们完全意识不到，在梦想成真前会遭遇种种阻碍。在宗教裁判盛行的时代，神职人员可以肆意用火刑来对付他们不喜欢的人，他们无情地给那些可怜的人们套上铁皮靴子，然后向铁靴之中注入滚烫的铅水，再命令人将铁皮靴子砸扁。这类令人毛骨悚然的酷刑，却在罗马教皇时代司空见惯。天文学家布鲁诺[11]就因为公开追随科学，坚持教会完全无法容忍的日心学说而被活活烧死。正如一位主教所说："讨论地球的性质和位置，绝不能帮助我们实现对来世的希望。"

一切不符合教义的主张都会被视为教会的障碍和敌人。然而群体不具备理解这种中间障碍的能力，因为庞大的数量使群体人自认为势不可当。显而易见在群体意识中，是不存在任何可以阻挠他们实现自己目标的困难的，假如有什么阻碍了他们

---

11 乔尔丹诺•布鲁诺（1548—1600），意大利思想家、自然科学家、哲学家和文学家。他捍卫和发展了哥白尼的日心说，并把它传遍欧洲，世人称其为反教会、反经院哲学的无畏战士，是捍卫真理的殉道者。由于批判经院哲学和神学、反对地心说等"罪名"，布鲁诺在1592年被捕入狱，最后被宗教裁判所判为"异端"烧死在罗马鲜花广场。主要著作有《论无限宇宙和世界》《诺亚方舟》等。

的步伐，那无疑是自取灭亡的挑衅。

群体能够产生无限狂热的激情，当他们愿望受阻时，群体便会很容易进入这种激愤状态，此时，任何障碍都会被粗暴地摧毁也就在意料之中。古代希腊著名的数学家和哲学家希帕提娅[12]的遭遇就很好地验识了这点，她美貌出众，学识渊博。但早期的基督徒，把哲学和科学研究完全视为异教徒活动，所以希帕提娅也因此成了基督徒与非基督徒之间血腥骚动的牺牲品。

一天晚上，希帕提娅在回家的途中，遭到一群基督徒的袭击。暴徒把她从马车里拖出来，在剥得一丝不挂后又用石头残忍地砸死了她。仍不满足的暴徒又把她的眼睛挖了出来，然后肢解了尸体，最后她残缺的遗体被扔进亚历山大图书馆的火堆上焚烧。在这些暴徒看来，相对信仰而言，希帕提娅的博学完全是一种障碍，群体的当务之急当然是完全粉碎这个障碍。

群体中没有不可能的概念，他们认为没有什么事是不能做，没有什么目标是不能实现的。独立的个人可以轻易地明辨是非，但是群体却无法分辨。独立的个人不可能去焚烧宫殿或洗劫商店，即便遭受诱惑，他也会本能地抵制相关冲动。这大约取决于两方面，一是个人实施这种行动非常困难；二是难以逃过法律制裁。所以纵然一个人持有强烈的反社会思想，他也会很清醒地意识到自己是在犯罪。然而当他融入群体成为群体成员的时候，他会认为自己的所有行为都是理所当然，而且合乎情理

12　希帕提娅（370—415），希腊古埃及学者，是当时名噪一时、广受欢迎的女性哲学家、数学家、天文学家、占星学家以及教师，她居住在希腊时代古埃及的亚历山大城，对该城的知识社群作出了极大贡献。

与法律。正是群体的数量优势赋予了他内心一种力量——一种释放他的破坏性本能的力量，它可以让他做出烧杀抢掠等无法无天的事情。

群体的共同行为举止还会造成一种正义的错觉，无论是多么惨绝人寰的暴行，群体人都不会认为自己邪恶，反而坚信自己负有替天行道的使命。

极易接受暗示

极易接受他人的暗示是群体的普遍特征之一，在一切人类集体中，暗示的传染性所能达到的最高程度，可以解释群体感情能很快从一个方向转到另一个方向的缘由。群体通常总是处于那种期待关注的状态中，因此很容易受人暗示。最初的暗示通过互相传染，便会很快进入群体中所有人的头脑，感情倾向的高度一致立刻就变成了一个事实。

对于处在暗示影响下的个人来说，任何进入大脑的念头都很容易变成实际行动。无论这种行动是烧杀抢掠还是舍生取义，群体人都会在所不惜。刺激因素的性质决定了群体的一切行为，他们不像孤立的个人那样会对相关的暗示做出合理地权衡，如果权衡的结果与这种暗示对立，那么独立个人便会趋利避害，选择远离盲目。

群体会永远徜徉在无意识区域，随时待命于各种暗示，他们会完全无视理性的影响，虽然与某些生物所特有的激情雷同，但是群体除极端轻信之外再无别的可能，他们失去了一切批判能力。不存在不可能之事就是群体坚定不移的信条。那些子虚乌有的神话故事为何可以流传千古，为何令百姓深信不疑，原因就在这里。

神话的产生和广泛流传，不仅是因为人们极端轻信，还因为事件在人群的想象中被魔术般曲解的现状。

由于群体是用形象来思考的，形象的本身又会繁衍出诸多毫无关系的形象。所以若在众目睽睽之下，哪怕是最简单的事情，它们也会变得面目全非并被迅速传播，甚至会演变出多种妖异的版本。然而群体对这种简单事实也茫然无知。或者说，由于群体永远只会看到他们认为应该看到或希望看到的东西，所以他们对于这样一个事实视而不见。这说明群体会惯性地把自己的幻觉与真实的现象混为一谈。群体也很少会区分所谓的主观和客观，它们常常误以为自己头脑中的景象就是真实生活，尽管这个景象与事实只有微乎其微的关系。

歪曲的方式取决于极为细微的思维末节，由于群体成员持有的各种各样倾向，所以群体歪曲事实的方式也是各有千秋。由于相互传染，即使不同的群体成员，暗示被歪曲的程度也相差不多，所以群体中的个体成员会表现出同样的状态。

群体中的某个人对真相的第一次歪曲，是传染性暗示的起点。

正如耶路撒冷发生的事件一样，暗示的信息经过群体无意识轻信本能的极端化放大后，也是迅速得以传递。当时的十字军云集耶路撒冷，有个士兵声称自己看见圣·乔治[13]出现在了墙上，消息很快便传开了。在暗示与相互传染的推动中——群

13　圣•乔治，约260年出生于巴勒斯坦，为罗马骑兵军官，骁勇善战。他因试图阻止戴克里先皇帝治下对基督徒的迫害，于303年被杀。494年为教皇格拉修一世封圣。

体的期待意识仍然起主导作用，他们期待着发生点什么，随便什么都行——一个人编造的奇迹，或者是个人的幻觉，就会立刻被所有人接受。于是十字军的官兵们全都看到了圣·乔治显灵，由于这种说法的不可置疑性，类似的幻觉现象就更加多了起来，所以，一个人创造的奇迹就发生了。

纵览历史，这种集体幻觉经常出现，它似乎具备一切公认的真实性，因为它是成千上万的人观察到的现象。没有考虑群体成员的智力和品质的必要，因为从他们成为群体成员的那天起，天才和智障便一起丧失了观察能力。

这个论点似乎不够可靠，若想彻底消除人们的疑虑，还必须研究大量的历史事实，即使写下数本鸿篇巨制，恐怕也无法阐明集体幻觉的作用机制。但我不想让读者认为这些论点毫无根据。因此，我举几个从无数事例中挑选出来的实例，加以分析。

在18世纪早期，欧洲出现了一个名为“圣梅达尔的痉挛者”的群体。他们常常会聚集在圣·帕里斯神父的墓前，交流着如何才能进入一种奇妙的癫狂状态，他们希望带来身体上的某种奇迹。他们深信圣·帕里斯神父能够治愈所有的疾病。每天，通往神父墓地的大路都被大批蜂拥而至的患者堵塞。起初这种所谓的身体奇迹只是癫痫之类的癔症，但当个体融入了群体之后，由于期待意识的作用，在第一个人进入了痉挛状态之后，这种相互的暗示就会迅速传染，进而引发群体性的狂乱躁动。

我再举个最典型的实例，它证实了集体幻觉机制作用下的人，既有最无知的，也有博学的。海军上尉朱利安·费利克斯在《海流》一书中偶尔提到了这件事，《科学杂志》也曾引用过。

在一个阳光明媚的日子里，护卫舰“贝勒·波拉号”受命搜寻在风暴中失散的巡洋舰“波索号”，一位值勤兵声称发现远处有船只遇难的信号，船员们顺着信号指示的方向望去，他们都清楚地“看到”，一只载满了人的木筏被发出遇难信号的船拖着。这不过是一种集体幻觉，但几乎所有人都确信不疑。于是，德斯弗斯上将放下一条船去营救遇难者，即使在接近目标时，官兵仍然认为自己“看到”一大群活着的人在伸手呼救，不少失去亲友的人正哀号着。但当他们到达目的地时，却发现自己不过是找到了几根长满树叶的树枝，这些树枝大约是从附近的海岸漂过来的，在一目了然的事实面前，集体的幻觉方才消失了。

从这些事例中，我们可以看清集体幻觉的作用机制。一方面，我们看到一个在期待中观望的群体；另一方面，值勤者发出了海上有遇难船只的信号暗示。在相互传染的作用下，这一暗示就被全体官兵接受了。

事情被歪曲，真相被与它无关的幻觉所取代——在各种群体中都会出现类似的情况，就算组成某个群体的所有人都是博学之士，他们同样也会表现出一般群体的所有特点。只要融入群体，他们个人卓越的观察力和判断力就会马上消失。

心理学家大卫先生也在他的作品《心理学年鉴》中提到一个非常奇妙的例子。根据《心理学年鉴》的记载，著名心理学家大卫先生曾经进行过这样一项试验，他将那时最权威的学者与专家召集在一起，其中还有英国最著名的科学家华莱士先生。

大卫让这些人审查了物体，并让他们按照自己的意愿做上了标记，然后，大卫先生当着他们的面演示精神现象即灵魂现形的过程，还让他们把它记录下来。

试验的结果令人吃惊，参与试验的学者和专家全都认为，他们观察到的现象是超自然现象，非鬼神则不能实现。但真实的情况是，所谓的灵魂现形，只不过是大卫先生简单的骗术而已。

最匪夷所思的部分并非骗术本身，而是这些目击者提交的报告有着相同程度的极端和虚假。虽然大卫先生的方法十分简单，但是却支配了群体的大脑，甚至让众多目击者看到了并不存在的事物，群体的轻信由此可见一斑。这种现象类似于催眠师对被催眠者的影响，即使对于头脑非常严谨，事先就抱着怀疑态度的人，这种能力也可以发挥作用。因此，它能轻易地让普通群体上当受骗，也就不足为怪。

群体会列举出一些完全错误的条件关系，但假如他们的描述被认为是正确的，他们所描述的现象便不能用骗术来解释。

1678年，英国首相接到报告：在与议院相邻的某些地下室里，有人听到了“巨大的敲击声和刨地声”。在多赛特地区，许多人声称法国军队已经登陆柏伯岛，军队队列整齐，军官走在队列前面。一位伯爵带着一名陆军中尉策马奔向海德公园，他们举着短剑要求每个人都拿起武器，因为他们认为法国人就要来了。

但所谓的法国军队列兵，不过是一排排的树篱笆桩，所谓的军官，也不过是些正在吃草的马。

集体撒谎的事例并不罕见，其中最荒唐的事情要算是中世纪欧洲的圣物崇拜了。第一批前往耶路撒冷朝圣的信徒，把种类繁多的圣物带回了欧洲。在这些圣物中，最为人们称道的是“真十字架”上的木头。在当时，整个欧洲，无论教堂宏大与否，皆以拥有一块这样的圣物为至高的荣耀，于是这种碎木片被各大教堂奉为至宝，持有者皆声称来源于“真十字架”。这种“圣物”数量之多，如果集中到一起，都几乎可以建造一座教堂了。

极易相信谎言

虽然事实荒谬至极，但却赢得了绝大多数人的信任，不仅神职人员如此，甚至百姓也是顶礼膜拜，认为这些木头可以辟邪，而且能够治愈多年的顽症。每年都有络绎不绝的人前往各大教堂去朝拜这些碎木片。只要稍稍具备理性与常识的人，都能认清事情本身的荒谬性，但却没有人对此保持丝毫的诚实与警醒。并非所有人都故意撒谎，只是当个体集结到一起之后，群体的谎言就成了不容置疑的真理。

类似的例子不胜枚举。在我写到本章节的时候，巴黎正因两个小女孩在塞纳河溺水身亡一事闹得沸沸扬扬。两个女童从家里走失，不久后在巴黎的塞纳河中发现了两具尸体。五六个目击者言之凿凿地宣称自己认出了这两个孩子——他们说这两具尸体就是那两个可怜的孩子。所有的证词如出一辙，不容法官有任何怀疑。于是法官签署了死亡证明。但在为孩子举行葬礼时，惊人的是两个孩子完好无损地出现在大家面前。本来以为死了的人居然还活着，尤其令人难以置信的是，她们和溺死的人根本没有相似之处，但熟悉她们的人竟然没有丝毫怀疑。

第一个目击者首先是幻觉的牺牲品，他证词的威慑力足以影响其他目击者。假如我们还原整个事件，就会发现谎言的传播会经历以下几个阶段：

1. 谎言制造阶段

这个阶段中，第一个目击者被心理暗示影响并且成为幻觉的牺牲品之后，他相信自己已经认出了尸体，时而显现的一些特征，譬如一块伤疤，或一些让其他人产生同感的装束细节等。在他开始传播这种暗示的同时，证词便也开始影响其他目击者，一个集体性谎言便开始传播了。关于这一现象，我们还会在后面的分析中继续讨论。

2. 谎言的被肯定阶段

在这一阶段，说谎者的数量会越来越多。总有那么些人会当即附和谎言，另一部分的人则和第一人一样，牺牲于自己的心理暗示，但更多的人则是完全没有主见的糊涂虫。

3. 谎言的扩散阶段

在这个阶段，所有群体成员都会沦为说谎者。当第一个目击者依靠模糊记忆而产生的幻觉得到肯定之后，大多数人的理解力在瞬间也会被征服，观察者这时看到的不再是客观的现象本身，而是他头脑中依然存在的幻象。消息被以讹传讹后，就会出现越来越多的人加入到说谎者的行列之中。

在报纸记录的如下事例中，孩子的尸体竟会被自己的母亲认错的关键原因也就会有理可据。我们从这种现象中，一定能够找到刚才的那两种暗示。

在法国的拉弗莱特，有人发现了一具男童的尸体，一个孩子凭借着自己的模糊记忆指证那是自己的同学，于是开始了一场缺乏根据的辨认。

在同学认尸的第二天，一位名叫夏凡德雷的女士情绪失控地喊道："天呐，那是我的孩子！"这位住在福尔街的太太是个看门人，她走近那具尸体，观察死者穿的衣服，又看了看他额头上的伤疤，"这肯定是我儿子。"她说，"他去年七月失踪，一定是被人拐走杀害了。"夏凡德雷太太叫来了表弟，问到她表弟时，他也说："那是小费利贝。"与夏凡德雷同住的几个邻居，也都认为在拉弗莱特找到的孩子是费利贝·夏凡德雷，而费利贝·夏凡德雷同学的判断根据只是那孩子佩戴的一枚徽章。

人证、物证齐全，每个人都认为自己的证词很有说服力。一个半月后，那具尸体的身份得到了确认，证实了邻居、表弟、同学和这位母亲都搞错了。男童是波尔多人，在波尔多被人杀害后，尸体被一伙人运到巴黎。这似乎可以证实，也说明这种目击者的证词在法庭上可能不具备什么价值。尤其是儿童，绝不能拿他们的证词当真。虽然说童言无忌，但哪怕是略懂基本心理学知识，也会知道儿童最爱撒谎，往往会适得其反。尽管这是一种无辜的谎言，但无辜的谎言仍然是谎言。如果要用孩子的证词来决定被告的命运，那还不如用抛硬币的方式来得合理。

集体幻觉的例子不胜枚举，由此我们可以证实自己的结论：产生这种轻信的经常是女性和儿童，因为他们最缺乏主见。

还是让我们回到群体的观察力这个问题上来吧。

我们已经用相当多的例子证明了群体的观察力极不可靠，在绝大多数的时候都会出错。如果非要说它能够表达什么含义，那么也只是在传染过程中它能影响同伴的个人幻觉。

各种事实都证明群体的证词极不可靠，它的荒谬甚至能达到无以复加的程度。即使受过严格训练的军人，在这方面也未必比普通人更好。1870年9月1日，色当战役[14]爆发，数千人参与了著名的骑兵进攻。由于目击者的证词五花八门且矛盾重重，根本无法确定谁是这场战役的指挥官。英国将军沃尔斯利爵士[15]也在一本书中证明，关于滑铁卢战役中的重大事件的记载，至今众说纷纭，错得一塌糊涂——普鲁士人声称在法军后方曾经出现过一支强大的增援部队，他们携带着成千上万的大炮支援拿破仑，从历史研究分析来看，假如真有这么一支军队，拿破仑也不至于败得如此快，所谓的增援部队或许也不过是一支惊慌失措的溃兵，误打误撞地折回了前线，大炮也只是他们的行李而已。数百人信誓旦旦证明过的事实不过是一个彻底的误解。

再举一个例子，1806年，英国利兹地区有一只老母鸡不停地产下印有“末日将至”的怪蛋，许多人专程赶来参观老母鸡，然而惊恐万状的信徒们的到来只是为了得出世界末日将至的结论，于是，一个关于世界末日的谣言便传播开来。

尽管这些谣言都只有一个中心思想，但是关于怪蛋的描述

---

14 色当战役，发生于1870年9月1日普法战争时期。战斗的结果是普军俘虏了法皇拿破仑三世及其麾下的军队，虽然普军仍需要与新成立的法国政府作战，但此战实际上已经决定了在普法战争中普鲁士及其盟军的胜利。

15 加尼特•约瑟夫•沃尔斯利（1833—1913），维多利亚时代的英国陆军元帅。他是19世纪大英帝国开疆拓土殖民时代的悍将，被英国大兵们尊誉为“我们心中最棒的将军”，但是对被英国人欺负的殖民地国家的人民来说，他是一个残酷无情的刽子手。

却层出不穷，有一千个前来参观的人，就有一千种外形各异的怪蛋。实际上，这些蛋只不过是普通的鸡蛋，只是上面用腐蚀墨水涂写了“末日将至”的字迹而已。

这些事例有力地证明了群体的证词毫无价值。经过无数学者论证过的那些讨论逻辑学的文章，我们都认为这也算得上是支持事实准确性的最有力证明。然而群体心理学知识告诉我们，最应该高度怀疑的事件肯定是那些观察者最多的事件，讨论逻辑学的文章需要重写。同一件事，被越多的目击者证实，真相与描述之间就必然会距离越远。

没有真相的历史

以上情况也证明，人类历史最后也总会因为群体的以讹传讹而变得众说纷纭。当历史传承到需要记载的那一刻时，本身就早已失去了它的原貌，我们只能把史学著作当成纯粹想象的产物。它们只是对观察有误的事实所作的无根据记述，而且掺杂着作者对结果的解释与思考。那些被载入史书，已成为既定史实的，也未必都真有价值。那些所谓的皓首穷经的智者，也远非他们表示的那样可以秉笔直书。但如果历史没有给我们留下诸如文学、艺术的不朽之作，毋庸置疑，我们对以往时代的真相更是一无所知。

那些历来的伟人，如赫拉克利特[16]、释迦牟尼[17]，试问人们对他们的记录都真实吗？完全不真实也是很有可能的。所有能够

16 赫拉克利特（约公元前530—前470），是一位富有传奇色彩的哲学家。他出生在伊奥尼亚地区的爱菲斯城的王族家庭里。他本来应该继承王位，但是他将王位让给了他的兄弟，自己跑到女神阿尔迪美斯庙附近隐居起来。据说，波斯国王大流士曾经写信邀请他去波斯宫廷教导希腊文化。

17 释迦牟尼（约公元前624—前544，一说公元前564—前484），原名悉达多•乔达摩，古印度释迦族人（生于尼泊尔南部），佛教创始人。成佛后的释迦牟尼，被尊称为“佛陀”，意思是“大彻大悟的智者”，民间信徒也常称其为“佛祖”。

打动百姓又能在百姓之间得以广泛流传的事例，更多的只是这些伟人在神话中的形象而已。实事求是地说，伟人的真实生平对我们的确无关紧要。我们想要了解的，其实是我们的伟人在大众神话中所呈现出的形象，能打动我们心灵的是神话英雄，而并非一时的真实英雄，那才是我们想要的。于是，人们持续性编造关于他们的谎言，直到和我们今日所知的形象毫无出入为止。

由于群体思考通常是建立在形象上，所以群体的想象力超乎寻常。

这些神话虽然被清晰地记载在书中，但其本身却丝毫不具备任何稳定性。随着时光荏苒，尤其由于种族的缘故，群体的想象力更是无休止地在改变着他们。

我们前面已提及，种族的基本特性决定着群体的无意识。例如，佛教诞生于印度，昌盛于中国，倘若我们将印度人尊奉的佛祖与中国人信奉的佛祖相比较，就会发现这两者并无太多的共同之处。

无论这件事是否真实，群体的想象力都会改变一切。正由于此，历史才会最大程度地背离它的真相，呈现诸多光怪陆离的面貌。

具有想象力的群体，他们也可以改变英雄的神话，进而使英雄离我们而去，这并不需要太长的时间，因为转变有时就在几年之内。我们在这个时代已经看到，历史上最了不起的伟人——拿破仑，他的神话就在不到50年里就被改变了无数次。

当法国处于波旁王朝的统治之下时，拿破仑只是一位田园派诗人，一个主张自由主义的慈善家或者一个社会底层人士的朋友。诗人眼中的他，是长期留存在乡村人民记忆之中的好人；军队中的他，是胆识过人的战场勇士。然而30年后，这个仁慈慷慨的勇士转变为一个嗜血成性的暴君，在他成功篡权以后，就毁灭了法国人追求的自由。

他可以为了满足自己的征服欲，牺牲300万将士也在所不惜，最终，这也致使他自己亡命天涯。

法国历经一次又一次的战争失败之后，人们便开始怀念往昔的辉煌，怀念拿破仑曾经的赫赫战功，神话又发生了变化。

更极端的例子如下，在16世纪的那不勒斯，一个名叫马萨尼洛[18]的渔夫，糊里糊涂地被暴乱者推上了皇帝的宝座后，他混蛋般地胡作非为，残暴无比，后来被人们像打一条疯狗一样打死在路上，他那被割去头颅的尸体被抛进泥塘里泡了几个小时，而后被丢进护城河里喂鱼。

但到了第二天，不知道什么理由，大众对他的情感又完全颠倒了过来。无数人举着火炬寻找到他的尸体，然后重新给他的尸体披上皇袍，隆重地葬于教堂之中。有成千上万的武装军人和百姓参加了他的葬礼。之前那被众人撕成了碎片的衣服，也被奉为圣物得以珍藏，大众还把他的房门拆成碎块，制成各

18 马萨尼洛（1620—1647），意大利渔民，那不勒斯人民反封建起义领袖。1647年6月乘人民反对水果输入税之机而发动起义，领导起义者烧毁税收文书，围攻总督官邸，并被拥戴为那不勒斯人民海军将领。起义扩及卡拉布里亚、阿普里亚、阿布鲁齐地区，吸收各地农民和意大利南部城市居民加入起义队伍。在同当局谈判取消输入税时被杀害。

种纪念品；马萨尼洛的破旧家具也跟着身价暴增，甚至连他踩过的泥土也成为制作护身符的原料。

可想而知，千百年之后的博学之士，当他们面对这些矛盾百出的历史记载，或许也会怀疑这位英雄是否存在过。在这些伟人身上，人们只会看到一个光彩夺目的神话或一部赫拉克利特式传奇的演变。对这种无根据的状况，学者们很容易心安理得且不给予任何批判，相对今天的我们而言，他们更明白群体的特点和心理。他们知道，除了神话之外，历史并没有多少保存其他记忆的能力。

情绪夸张而单纯

群体意味着极端化，无论是好是坏，群体感情的特点就是极其简单的夸张。在这方面，群体无疑是类似于原始人，所有事情都被他们视为一个整体，由于群体感情的简单粗糙，他们无法做出细致的区分，也无法得知事件中间的过渡状态。又由于受到了传染的强化，群体情绪会迅速扩张，不管是什么感情，只要他们表现出来，又经暗示和传染后，就必然会非常迅速地传播，明确支持的目标也自然倍增。

群体情绪的简单和夸张所产生的直接结果就是：群体全然不懂怀疑，也完全忽视了万事万物所具备的不确定性。如同恋爱的女子，会轻易陷入感情的极端。情人表现出的任何令人怀疑的言行，在她眼里立刻就成为铁的证据。日常生活中，多少都存在让自己心生厌恶的人，或被逼无奈而执行相关指令，但无论怎样，孤立的个人面对冲动多少都会自我控制，这些情绪不会对个人有什么影响，但若处于群体中，他们必然会为之勃然大怒。

群体感情相对粗暴，尤其是在异质性群体中间，这种粗暴会伴随着责任感的彻底消失而逐渐被强化。意识到肯定不会被惩罚——人数越多，就越是肯定——人多势众所产生的力量感会促使群体表现出孤立个人始终不会存在的情绪与行为。群体中脑残、低能儿和心怀妒忌的人们，可以摆脱掉自己卑微无能的感觉；在群体中，他们会感受到一种疯狂、激烈的强大能量，那些激情澎湃的善行，唯有群体才可能做出。

不幸的是，群体感情的夸张倾向，通常会把人类的劣性表现到极致。

1527年5月6日夜，被雇佣军占领的罗马，八千多名百姓被杀，但这还只是开始。极度激动的雇佣兵在夜晚狂欢过后，又开始洗劫教堂，令人发指的是，他们还洗劫红衣主教和宫殿，闯进女修道院强奸修女，并残忍地迫害不幸的受害者。

南意大利军队的士兵连船夫的简陋小屋都不放过，他们抢走了所有的东西，包括茶壶和钉子之类的日常用品。部分圣物被当做靶子，诸多的古代手稿被用作马的褥草。拉斐尔的壁画被长矛划破，上面用大大的字母刻着马丁·路德[19]的名字，更有甚者，他们还向受害人勒索巨额赎金。

群体可以利用自身的强大摧毁一切道德障碍！这也是原始人本能隔代遗传的残留痕迹，但是，这并不意味着群体没有英雄主义和崇高的美德。相对而言，群体会比孤立的个人更能表现出这些美德，在后面研究群体的道德时，我们还会继续探讨这个话题。

群体感情夸张，他们只会被极端感情打动。只有锋芒毕

19 马丁·路德（1483—1546），他出生在德国的艾森斯莱市，受过良好的高等教育，曾一度攻读法律（显然是根据他父亲的建议），但是中途辍学，成为一名奥古斯丁教团教士。1512年，他从维腾贝格大学获得神学博士学位，此后不久就在该校任教。因抗议罗马天主教会，他发动了一场宗教改革运动。

露、信誓旦旦的演说家，才能感动群体，他们不得不把理想吹得天花乱坠，而且反复重复，绝对不能通过说明来证明任何事情——这些都是公众集会上的演说家惯用的论说技巧。

群体对英雄的感情，也同样的夸张。英雄的美好品质总是被群体无限放大。很早前就有编剧表示，观众要求舞台上的英雄拥有现实中的人不可能拥有的勇气、道德等美好品质。

大多数品位低下的艺术都能打动观众，虽然艺术品位不高但是依旧需要特殊才能——善于群体心理的控制。通过阅读剧本来衡量一部戏是否成功，往往都不可行。所以剧院经理在接受一部戏时，通常并不知道是否可以取得成功，因为一部戏的成功与否完全取决于观众，除非自己先变成观众。

早就有人意识到了在剧场里观察事物的特殊立场的重要性。对此我们还可以做出更为广泛的解释，也会说明种族因素的压倒性影响。在某国掀起热情的一部影视剧，未必在别国也能获得成功，抑或只取得了部分的成功，因为这更多是取决于所产生的相关公众影响力。这也说明，即使把自己变成观众，剧院经理也无法判断某个戏剧是否可以获得成功。

毋庸置疑，群体的夸张倾向只忠于感情，智力对群体没有任何作用。事实已经证明，个人一旦成为群体的一员，智力立刻会大打折扣。学识渊博的官员塔尔德[20]先生，在研究犯罪群体之后也证实了我的观点——群体只擅长把感情提升到极高或极低的境界。

---

20 塔尔德（1843—1904），法国社会学家。塔尔德是西方社会知名的心理学家、统计学家和犯罪学家。

偏执、专横、保守

群体只有简单、极端的感情，对于别人提出的任何意见、想法和信念，他们要么全盘接受，要么全盘否决。也就是说他们要么把这些意见视为绝对真理，要么就看成绝对谬论。所以控制群体的本质，只能用暗示的办法诱导，而不能用合理的信念解释。与宗教信仰有关的偏执以及宗教对信徒头脑实行的专制统治，早已为大家熟知。这种偏执的情绪由于根深蒂固，根本就无法人为扭转，所以改变一种偏执极端情绪的唯一办法也只有用另外一种偏执极端的感情来取代。

由于群体力量的强大，群体认定的真理或谬误都不容置疑，他们的理想和偏执洋溢着专横的特质。理性的个人往往都会倾听各种意见，努力调和矛盾，但是群体截然相反。在公众会议上，倘若演说者对群体的信念略有微词，就会立刻招致粗暴的呵斥与辱骂。进而演说者很快就会在听众的嘘声和驱逐声中，狼狈地败下阵来。更有甚者，假如当时现场缺少当权者或执法者的约束，恐怕连反驳者的人身安全都无法保障。

长达两个半世纪的欧洲猎巫风潮也很好地说明了这一点，数以万计的人成为猎巫队伍的牺牲品，那些站出来替人辩白的无辜者，也同样惨遭毒手。

1704年，苏格兰地区一个患有癫痫病的流浪汉指控两名女性对他实施巫术，其中一名女性被抓进监狱后潜逃成功，但于第二天再次被抓。在返回监狱的途中，对巫师恨得咬牙切齿的人们，在得知巫师被捕的消息后就想淹死她。他们捆住这个女人，绳子的另一端拴在一艘渔船的桅杆上，然后把她投进水里后拉上来，之后再投下去，就这样反复折磨，人们在这名女人半死不活的时候，把她拖回了海滩上。有一个暴徒回家卸下了门板，然后将堆满大石头的门板无情地压在这个可怜女人的身上，活活地压死了这位无辜的女性。面对如此令人发指的恶行，却没有一个地方官出来制止，而负责押送的士兵不仅玩忽职守，还幸灾乐祸，然而那些试图阻止暴行的人，则不是被恫吓，就是被殴打。

很少有人会真正理解民族性格的含义，虽然每个民族都有自己的民族性格。尽管专横和偏执是所有类型群体的共同特征，但其程度参差不齐。支配着人们思想感情的种族因素，发挥着决定性作用。群体的感性程度受种族左右，感性的种族群体会更冲动、善变和狂躁，尤其是拉丁民族人组成的群体，他们的专横和偏执简直发展到了无以复加的地步。最以英伦三岛的盎格鲁-撒克逊民族为典型，他们的偏执和专横，彻底瓦解了盎格鲁-撒克逊人强烈的个人独立感情。拉丁民族的群体只关心自己所属宗派的集体独立性，他们对独立持有独特的见解。他们认为真正独立的人，不仅是坚持自己的信念，而且能让那些不同意他们意见的人立刻强烈反对自己。自宗教法庭时代以来，每个时期的雅各宾党人，对自由的理解皆是如此，从未有过另一种理解。

前文说过，群体的累加只是愚蠢的累加，而非智慧的集合。

1630年，米兰发生了一场瘟疫，随着瘟疫的蔓延，许多的荒唐故事被人们信以为真。有个名叫巴萨尼的人，他声称自己站在一个大教堂门口的某个黑夜，看见一辆6 匹白马拉着的黑马车停在他身边，后面跟着许多身穿黑袍的仆人。车上走下一个高大威武的陌生人，陌生人邀请巴萨尼上车，把他带到一个残缺不全的巨大宫殿前。巴萨尼看到许多骷髅互相笑骂，追逐跳跃，后来他们朝一块荒地奔去，荒地中间的岩石下面流淌着毒水，流过田地的毒水渗入了米兰城所有的泉水当中。

陌生人许诺说，如果巴萨尼愿意将米兰所有的门都抹上毒药，就可以得到无数的财富。此时的巴萨尼终于明白这个人是魔鬼，他向上帝祷告，瞬间电闪雷鸣后，他发现自己站回了教堂的走廊上。

但是这样的疯话得到了所有听众的信任，还有所谓的目击者为他帮腔，更荒唐的是他们发誓说，他们也曾见过那个陌生人。

除了以上我们提到的这些方面之外，群体常常也会夸张地处理意识形态，让某种意见以异常极端的形式得以表现和彰显，即使荒唐之极也毫不在意。

专横和偏执是群体最特殊的情感，这样的情绪伺机而发，只要有人煽动起这些情绪，他们便会毫不犹豫地付诸实践。群体总是对强权俯首帖耳，却很少为仁慈善行感动！在他们看来，仁慈善良不过是软弱可欺的代名词。

在非洲的垦荒过程中，英国派来两名工会活动者协助土著农民。为了声援码头工人，他们到达之后，当地的农业工人争相举行了罢工，还要求增加工资、改善伙食。他们焚烧营地的建筑物，甚至自行武装起来，设立路障来阻止欧洲人接近海岸。

一位颇有声望的苏格兰工人发现道路被罢工者切断，从车上一跃而下，大声呵斥这些非洲人，土著人被这突如其来的暴怒吓呆了，纷纷丢下武器落荒而逃。

从这里我们可以看到，群体只向残忍的暴君低头。

1795年10月，拿破仑奉命去镇压骚乱，他将大炮的炮口对准了自己的同胞，血水纷纷流入早已挖好的壕沟，当骑兵手持军刀和手枪冲向幸存者时，大声怒骂的群众顿时便停止了呼叫。

几年之后，拿破仑尝试着与议员们进行沟通，最初遭到了议员们的激烈反对，但是他的弟弟吕西安调集一队士兵冲进议院，把那些议员逮捕了起来，剩下的议员们不得不一致同意选举拿破仑为法兰西第一执政人。

群体喜欢的英雄——他们眼中的英雄像恺撒[21]一样冷酷残忍。

他的权杖吸引着他们，他的权力威慑着他们，他的利剑让他们心怀敬畏。群体总是为这种人塑起最壮观的雕像，然而当

---

21 恺撒大帝，罗马共和国末期杰出的军事统帅、政治家。他在公元前60年与庞培、克拉苏秘密结成前三巨头同盟，随后出任高卢总督，花了8年时间征服了高卢全境（大约是现在的法国），还袭击了日耳曼和不列颠。公元前49年，他率军占领罗马，打败庞培，集大权于一身，实行独裁统治并制定了《儒略历》。公元前44年，恺撒遭到以布鲁图所领导的元老院成员暗杀身亡。恺撒身亡后，屋大维击败安东尼开创罗马帝国，成为第一位帝国皇帝。

这样的专制者失去权力时，群体又会在转眼之间颠覆之前所有的情感，将其无情地踩在脚下。然而这一切并非出于群体的觉悟，而是因为群体只会干两种事——锦上添花和落井下石。群体喜欢践踏被剥夺了权力的专制者，也随时会欺压软弱者，但他们会对强权忍气吞声！

群体又总被极端情绪所左右，如果强权时断时续，他们也会表现得反复无常，时而无法无天，时而又卑躬屈膝。

如果你以为群体在革命中本能地处于主导地位，那就大错特错了。群体常常爆发超乎寻常的破坏力，但这种爆发是十分短暂的，他们极端情绪化的感情都是来去匆匆。群体强烈地受着无意识因素的支配，他们很容易屈从于世俗的等级制，难免会十分保守。群体步入这种无头苍蝇般的状态之后，就会很容易迷失自我 。只要撒手不管，他们很快就会厌倦混乱，本能地变成奴才。

拿破仑压制了一切自由，许多人都对他的铁腕统治有切肤之痛，那些拥戴他、崇拜他的，正是那些原本最激进、最桀骜不驯的雅各宾派革命党人。

如果不深入研究群体的保守本能，我们就难以理解历史尤其是革命史。群体可能有渴望改朝换代的需求，但最终又回归保守。为了达到目的，他们常常是发动暴力革命，却沿用旧制度。从有的国家的王朝更迭便可很明显地看出这一点，这些旧制度，反映出了种族对等级制的本质需要，因此，专制者就可以轻易地拥有整个种族的顺从。

群体的变革，只针对表象的事情。他们如原始人一样，有着坚不可摧的保守本能。他们绝对地迷恋和崇拜一切的传统。假如在发明蒸汽机和铁路的时代，民主派能够掌握而今这般的权力，那么这些发明便不可能存在，或者至少要付出血的代价来实现。

这一点在法国大革命中表现得尤为突出，科学被看成是贵族的专利，发现氧气的天才化学家拉瓦锡[22]也因此被送上了断头台，永久地丧失了呼吸氧气的权利。雅各宾派的血腥统治被终结后，反罗伯斯庇尔[23]的热月党人意味深长地表示："雅各宾派认为知识是自由的敌人，而科学则是贵族的专利，如果他们的统治足够长而且放开胆子去干的话，他们就会烧毁图书馆，杀掉所有的学者，把世界投入黑暗之中！"对于文明的进步而言，最值得庆幸的就是，在伟大的科学发明和工业出现之后，群体才开始掌握了权力。

---

22 安托万•洛朗•拉瓦锡（1743—1794），法国著名化学家，近代化学的奠基人之一，"燃烧的氧学说"的提出者。拉瓦锡与他人合作制定出化学物种命名原则，创立了化学物种分类新体系。拉瓦锡根据化学实验的经验，用清晰的语言阐明了质量守恒定律和它在化学中的运用。这些工作，特别是他所提出的新观念、新理论、新思想，为近代化学的发展奠定了重要的基础，因而后人称拉瓦锡为"近代化学之父"。

23 罗伯斯庇尔（1758—1794），法国革命家，法国大革命时期重要的领袖人物，是雅各宾派政府的实际首脑之一。

道德有两个极端

如果把道德定义为持久地尊重相关社会习俗且不断抑制私欲，那么群体显然是不具有任何道德。群体既多变又冲动，他们没有道德可言。

如果我们把某些短期内表现出来的品质，比如舍己为人、自我牺牲、不计名利、勇于献身和对平等的渴望等也算作道德内容的话，那么群体的行为，反倒经常会有很高的道德境界。

大多研究群体的心理学家，他们只着重研究群体的犯罪行为，看见群体的犯罪行为频繁发生，就得出了群体的道德水平过分低劣的结论。

他们其实只看到了群体行为的一部分，群体犯罪之所以存在，是因为我们每个人身上都存在着从原始时代继承下来的野蛮和破坏性本能。

由于风险成本太高了，所以独立的个人不可能在生活中满足这些本能。有正常判断力的人也不可能蠢到去做得不偿失的事情，但如果融入了可以胡作非为的群体，那么自我约束的道德感和责任感便会消失。我们常常说法不责众，这里指的不是法律的管辖权，而是指群体的自我心理暗示。这是一种非常卑微的心理安全感，他们认为自己不可能受到惩罚，而且人数越多，他们的这种信念就越坚定。人多势众会产生出一种强烈的力量感，使得群体越发地自我放纵。在日常生活中，我们只是把这种本能发泄在动物身上，而不是发泄到自己同胞的身上。群体杀戮时的破坏性本能，与这种发泄具有同样的根源。然而群体慢慢杀死没有反抗力的人，这正是十分懦弱的残忍。

17世纪初，伍尔兹堡有个小男孩，他说他想把灵魂卖给魔鬼，只要保证每天都能吃上饭、每天都有小马骑，他就会十分乐意这样做。

后来这个贪图享受的小家伙被抓了起来，人们绞死了他，又将其烧为灰烬，数百个成年人围观，却没有一人制止这一残忍暴行。

19世纪末，北美洲殖民地一位名叫高利的男子被指控为男巫，在他否认无望后依旧被判处死刑。据说在处决的时候，由于感到异常痛苦，他把舌头伸到了外面，然而负责监督行刑的新英格兰司法长官竟然命人抓起一根棍子，把舌头硬生生地给塞进了嘴里。

实质上，这些行为与猎人捕杀动物时所表现出的残忍没有丝毫区别。这再一次验证了在群体无意识的作用之下，一个原本善良而正直的人，无论做出怎样违背良知和残忍无道的行为也都不足为奇。

群体除了杀人放火、无恶不作之外，还会慷慨赴死、英勇就义，不计名利地为理想付出，后者的确是独立的个人根本做不到的崇高行为。当群体受到名誉、光荣和爱国主义感召的时候，群体中的个人最有可能受其影响，甚至于慷慨赴死都无怨无悔。

像十字军远征和1793年的志愿者那种例子，在历史上比比皆是。1792年，普鲁士、奥地利、英国、荷兰、西班牙诸国集合联军[24]，大举进攻法国，在雅各宾党人振臂高呼之下，无数民众志愿参加军队，由于法国军民一致对外，联军屡战屡败，最后不得不撤出法国。

理性的个人有趋利避害的本能，自我利益几乎是他行动的唯一动机，但自我利益却不能转化为群体的强大行动力。所以只有群体才会表现出这种不计名利和视死如归的精神，为了自己一知半解的信仰、观念或只言片语，便英勇地面对死亡，这样的事例又何止千万！

不断示威的人群，他们更有可能是为了服从一道命令，而不是为了增加一点养家糊口的薪水。私人利益几乎是孤立的个人唯一的行为动机，在大众难以理解的历史战争中，支配群体的肯定不是个人利益——在这些战争中，民众宁愿自己被屠杀，也不愿意停止行为，如同被猎人施了催眠术的小鸟一般。

群体既能使一个仁慈善良的好人变成无恶不作的恶棍，又能使罪大恶极的混蛋严格地按照崇高的道德纪律行事。法国19世纪杰出的文学批评家、历史学家泰纳记述了让人难以忘却的“九月大屠杀”。

---

24 诸国集合联军，指瓦尔米大捷。1789年法国爆发资产阶级革命，引起了欧洲各国反动势力，特别是封建君主的仇视和干涉。1792年2月奥地利和普鲁士结成反法联盟。4月20日法国对奥地利宣战，9月20日正式开战。瓦尔米大捷是革命的法国反击欧洲反法联盟的第一次胜利，它对挽救法国革命具有重大历史意义，被誉为“法兰西共和国诞生的礼炮”。

1792年9月，雅各宾派发动政变，成千上万的人死在了他们手中。他们将熔化的黄金灌进贪官的嘴中，私自处决了一千多名囚犯。由于要杀的人太多，他们感觉断头台的屠杀速度太慢，于是变换了一种杀人方式，将那些“对革命不积极”的人以方阵的形式排在一起，用大炮来轰炸他们。被杀的人血流成河，然而执行屠杀的暴徒却无人占据受害者身上的财务，他们不约而同地将这些财物放在了会议桌上。

1848年的7月革命中，手执武器的百姓与奉命赶来镇压的军警站在了一起，攻占了查理十世居住的杜伊勒利宫。这些呼啸而过的百姓，没有拿走王宫里任何一件东西——这些都是价值连城的艺术品和珍宝——占有任何一件都意味着可以让自己在未来很长一段时间里衣食无忧。

由此可见，群体对于个人有很强的道德净化作用，尽管这种个人的道德净化叠加起来，可能意味着全社会灾难性的后果，但这却是一种常见的群体作用。

即便是在较为稳定的环境下，也同样可以看到群体的道德净化作用。我多次提过，观众要求剧作中的英雄都具有现实中不可能存在的夸张美德，同样，群体中的成员也会彼此要求，督促彼此有意识地去收敛不道德的行为。一次集会，即使群体成员的品质良莠不齐，大家多少也会表现得一本正经。那些平时放荡不羁的纨绔子弟、操贱业的皮条客和缺乏教养的野蛮人，当他们处于某些庄重且严肃的场合进行交谈的时候，也都会表现得彬彬有礼。

虽然群体惯性地放纵人类自我低劣的本能，肆意地践踏天理和道德，举止也总与惨绝人寰为伍，但群体也并不缺乏崇高的道德典范。如果不计名利、忠君爱民、舍己为人与追求理想都算作美德的话，那么毫无疑问群体最具备这些美德，而且群体的这种水平也远非那些最高尚的哲学家所能企及。

纵然他们是无意识地实行诸多美德，但这无碍大局，常常求全责备的我们，总是指责群体经常受无意识因素左右，沦落为愿意被本能肆意支配的机械性机器。但是，倘若连群体都受眼前相关利益所束缚，那么地球上的人类文明根本就不再光辉灿烂，更不能成就辉煌历史。

第三章 群体的观念、推理与想象力

只接受简单明了的观念

我在《民族心理学》中已经指出，若干个基本观念的产物酝酿着每一种文明，这些屈指可数的观念很少被革新，由于它们在群体心中早已根深蒂固，所以改变是件无比奢侈的事。毕竟尚已落实的观念，它的力量好比金城汤池般坚不可摧，众所周知，历史上所有的动荡也都是由这些基本观念的改变所致。

我只想简单探讨群体接受观念和他们领会相关观念的表现方式。群体能够接受的观念有两类，第一类是时髦观念，这类观念依附一时的环境，更多是昙花一现，能发挥持久影响力的寥寥无几，譬如那些让人或相关理论为之痴迷的观念。另一类是基本观念，它们受环境、遗传规律和公众意见的影响，这种观念具有很强的稳定性，譬如过去的宗教信仰与今天的政治观念、社会主流价值观等，这些都属于基本观念。但如今，那些曾经被我们的前辈视为人生支柱的伟大观念，正逐渐地丧失稳定性，它们随时都有轰然坍塌的风险，这也会严重动摇以此为基础而建立的制度，可以说任何的风吹草动，都可能导致变革成为大革命。

然而无论是哪一种观念，当它表现得不容置疑且简单明了的时候，就必然能产生有效的影响。由于群体是用形象来思考的一个大众集体，他们的感情夸张而极端，如果期待某种观念成功地对群体产生有效的影响，那么这种观念就必须披上形象化的外衣，因为只有这样才能说服群体去接受。下面的案例，便可说明群体是多么容易受骗。

在18世纪的英国南海股票风潮中，一位诈骗者颁布了一份募股说明书说：“本人有一个项目，需要筹集50万英镑的运作资金，一共分为5000股，每股面值100英镑，定金2英镑，认购者只需要支付定金，每股每年能得到100英镑的股息。”第二天上午9点，当他来到康恩希尔街打开办公室的房门时，人群蜂拥而入，他多次都险些被这些疯狂的人群挤倒。下午三点多的时候，他已经卖出了1000股，大赚一笔的他当晚就逃之夭夭了。

另一个成功的骗局，它以“环球许可证”进行诈骗。其实它们也只不过是刻着“帆布许可证”字眼的一些扑克牌状的纸片，同时还贴着“环球饭店”的标志。诈骗者扬言，持证人可以在将来的某个时间里，随意认购一家新建的帆布厂的股票，这种许可证在交易市场上的售价高达60个金币。

这样的骗局实在让人眼花缭乱，它们简单得令人咋舌，但是效果却好得令人难以置信。毫无疑问，这种盲目的轻信是建立在群体的简单观念中。尽管类似的骗局都逐个被揭穿，但民众始终没有停止受骗的倾向，无论何时，受骗者都必将大有人在。

这些形象化的观念，它们之间既不具备任何相似性，也不具备逻辑上的连续性，但是它们却彼此感染，还可以相互取代，正如操作者从幻灯机中持续性取出一张又一张的幻灯片一样。

这也是在群体中同时流行相互矛盾观念的源头。时机的不同，使得不同观念的群体在尚未得到理解的情况下，它们可以干出大相径庭的事情。由于群体完全缺乏审慎的思考能力，进而他们会完全忽视这些矛盾。这并非群体特有的现象。许多独立的个人，包括相关智力接近于原始人的所有人，如野蛮人、狂热宗教分子，他们也都同样缺乏审慎的思考能力，部分西方观念附着于他们刻板的传统观念或社会观念之上。他们的观念会因场合而异，言谈举止也会相应地随之改变，这会促使个人表现得非常矛盾。不过，这些矛盾只是一种表面现象。因为只有世代相传的观念才能对孤立的个人产生足够的影响，进而变成他的行为动机。同理，也只有当一个人与异族恋人结婚后，处在不同的传统倾向中时，他才会真正地表现出与周围截然对立的行为。

在心理学中，这些现象十分重要，但我们仅仅纠缠于此毫无益处。要想充分地认识它们，你至少要花上10年的时间去环游各处，实地进行全面的观察。

大家认为，群体只会接受简单明了的观念，但事实上并非所有的观念都简单明了。多数观念都必须经过彻底改头换面，变得通俗易懂之后才能被平庸的大众接受。那些高深莫测的哲学或科学观念，是群体低劣的智力水平无法理解的，更别谈接受了。因此改造必须彻底。介于种族间理性程度与聪明程度的不同，这种改造的大小也是看具体情况而异，但是目的都是向低俗化和简单化的方向改造。

现实生活中的观念等级划分非常少，这也就意味着观念很少有高下之分。历史证明，相对观念而言，它们并没有高低之分。一种观念无论刚诞生时是多么伟大或正确，但凡进入群体范围以后，那些讳莫如深的成分都将会被剥夺殆尽。

17世纪时，俄国准备变革。彼得大帝尝试在俄罗斯进行全面的改革，但所有来自西方的科学思想、技术成果都纷纷遭到了强烈的抵制，这些抵制改革的人中，不仅有平民百姓、达官贵人，甚至连王储都加入其中。

彼得大帝不得不努力地进行调整，为了更好地在民众间传播，他将这套变革观念改造成了最低俗且最简单的形式。改造后的新形式——从男性臣民的脸部入手，剪掉他们的胡子。彼得大帝的欢迎宴会开始后，卫兵们纷纷冲上去将来宾按住，强行剃掉他们的胡子，震惊的来宾甚至还未能回过神来，就已经成为了新观念的接受者。

对于一种观念，重要的不是它的固有价值，而是它的产生效果。

我们可以清醒地认识到，中世纪的基督教观念、18世纪的民主观念，都不算是什么高明的观念。从哲学的角度来看，这些观念都存在诸多些令人费解的错误，然而它们的威力却足够强大，在未来很长一段时间里，它们将是左右各国行动的最基本要素——今天所有的政客都十分清楚，刚才提及的那些基本观念漏洞百出，然而他们却不得不依据自己早已摈弃的真理与原则来统治人民。

只有那些经过彻底改造的观念才能使群体接受。也只有在进入无意识领域，观念变成一种情感的时候，它才会产生影响，然而这个过程需要很长的时间。关于涉及的各种过程，我们将在下文进行讨论。

我们通常认为，人们会很容易接受那些正确的观念，至少可以使有教养的人群产生作用。但事与愿违，群体都顽固地保守着旧的理念。即便证据确凿，对平庸大众的影响也是微不足道的。事实往往是这样的，有教养的人面对证据确凿境况时会表现出暂时性的接受，但终究会因理性思维的匮乏，而受制于自我的无意识，再一次坚守原有的观念。他仍然会处在以往观念的影响之下，可想而知，旧观念俨然已经成为他的情感之一，他言行举止背后那最隐秘的动机时刻受其影响。没多久他便会故态复萌，用同样的语言再次提出他曾经的证明，当然这个过程群体人也不会例外。

倘若多样化的观念已经寄存于群体人的头脑之中，而且附加一系列的情感基础，那么和它进行怎样的对抗都只会徒劳无功。因为它植根于群体的头脑中需要很长的时间，所以根除这些观念必然是一个漫长的过程。就观念而言，群体总是落后于博学之士和哲学家好几代人。

法国大革命爆发前一个世纪，所有人都信奉君权神授，当时的民主与自由的观念在法国根本无法立足，这个时期的民众一定会把敢于公开谈论这些话题的人完全视为疯子。哲学大师伏尔泰因为公开宣扬天赋人权，不但两次被囚禁于巴士底狱，最后还被赶出了法国。然而也正是这些曾经被嗤之以鼻的观念，引发了欧洲历史上规模最大的革命。整个民族都为了社会平等，为了实现抽象的权利和理想的自由而不懈追求，所有的王室都摇摇欲坠，在长达20年的时间里，欧洲各国都处在水深火热的战争硝烟中，惨无人道的大屠杀恐怕在成吉思汗看来也会觉得触目惊心。

这便是一种观念的传播导致的悲剧性后果。

只会用形象思考

只会用形象进行思考的群体，他们只会把表现相似的事物搅在一起。

纵然群体智力低下，但也不能绝对性地说群体没有理性或者群体不受理性的影响。但群体接受的论证过程，倘若从逻辑上分析，大多都十分低能，所以与其称之为推理，还不如称之为比喻。类似于高级的推理需要证据一般，群体低劣的推理能力更需要观念，不过群体所采用的各种观念，它们只具备表面的相似性或连续性。

群体的推理方式与因纽特人非常相似：因纽特人从经验中得知冰放在嘴里可以融化，于是认为同样透明的玻璃放在嘴里也会融化。现实中的一些野蛮人，他们有这样的风俗，当他们击败骁勇善战的对手后，会吃下对手的心脏，他们认为这样就可以成功得到对手的全部力量和勇气。澳洲的土著居民朱瓦西人，常常会把自己的箭赠与另一个猎人，因为这样他就有权利分享这个猎人射杀的任何动物。猎物被认为“属于”杀死它的箭的主人，即使狩猎的时候他并不在现场。

群体推理是把表面上相似的事物联系起来，并立刻把具体的事物普遍化。我们可以认为他们并不会推理或者说只会错误地推理，当然他们的情感倾向也绝不会受任何正确推理过程的影响。

只要为群体建立一些表面相似的形象或观点，便可以操纵群体，形象是能够影响群体的唯一要素。让群体完全不能理解的，是那些包含一系列环节的逻辑论证。

某些演说词漏洞百出，我想任何理性的个人，他都不会相信如此糟糕的演说词能说服大众，但事实证明往往是如此低劣的言辞，却能对听众构成重大的影响。我们往往会忽略演讲稿的受体，毕竟演讲稿并不是为哲学家或思想家而准备，它是用来说服平庸大众的。凡是和群体有密切交往的演说家，他们都会很擅长建立对群体富有诱惑力的形象。任何人只要做到这一点，便能达到自己的目的。有时候，20 本富有真知灼见的著作（尽管都是认真思考的产物），可能还远不及几句有感召力的话语。

缺乏推理能力的群体，还不具备任何审慎的思考精神，也就是说，群体不能辨别真伪，也不能对任何事物作出正确判断。群体的判断仅仅是强加的判断，绝非经过归纳论证的理智判断。有些意见轻而易举就得到普遍认同，是因为大多数人没有能力根据推理形成自己的独特看法。

形象最能刺激群体的想象力

瞎子的听力比常人敏锐，同理，缺乏推理能力的人的想象力不但强大、活跃，而且非常敏捷。对于群体来说，一个人、一件事或是一次事故，都会在他们的脑海中化作栩栩如生的形象，而这种超常的想象力，往往是一个理性的人所欠缺的。

群体如同熟睡中的个人，他们的理性被搁置脑后，仿佛做梦一般，只凭形象思维得结论、看是非，因此他的头脑中能产生极为鲜明的形象，但只要他一开始思考，这些形象就会迅速消失。

无论是独立的个体还是群体，一旦他们丧失了思考和推理能力，自己的认知力就变得异常模糊，他们认为世界上没有办不到的事，以至于产生目空一切的极端思想，他们认为最不可能的事便是最惊人的事。群体只关注那些最离奇、最不同寻常的事件。在原始人的思维方式中，我们常常可以看到这一现象。比如在德属东非的土著居民看来，一艘军舰的强大与否不在于它吨位多大，有多少门火炮，或是装甲多厚，而在于烟囱的多少。他们认为一艘军舰烟囱的多少，意味着这艘军舰的实力是否强大。这就是当英国人的一艘双烟囱军舰来到非洲海岸时，当地居民弃他们的宗主国而不顾，纷纷向英国示好的根本原因，毕竟当地的德国军舰只有一根烟囱。

于是，德国人不得不从国内调来了一艘有三根烟囱的巡洋舰，当地人从未见过有如此多烟囱的军舰，纷纷前来观看，还给军舰起了个响亮的绰号——背着三根管子的海上武士。几天后，三根管子的海上武士就不再是当地人的英雄了，因为英国人又开来了一艘船，上面有四根烟囱。

德国总督大感困惑，难道英国人调来了战列舰？答案很快揭晓了，其实这艘四个烟囱的船根本不是什么战列舰，而是一艘拉煤炭的商船，由于锅炉老旧得厉害，需要排烟才多加了一根烟囱。德国人无论如何也变不出一艘五根烟囱的船来，然而他们始终也不明白，这些土著人这般不可理喻地分析问题的缘由。

这正是原始思维的典型思考方式，鲜明的形象能完全取代正常的推理能力的判断。

假如我们对一种文明进行分析，会发现它存在的真正基础是那些神奇的、传奇般的内容。表象总是比真相起着更重要的作用，群体会无视现实——无论是亲眼所见的事实还是逻辑缜密的劝告，群体都不为所动。

能对群体产生巨大影响的，只有那些能活灵活现反映人物形象的戏剧表演。

今天，一些原始部落仍然在狩猎活动或战争之前举行规模浩大的祭祀仪式。当狂热的集体舞蹈进行到高潮的时候，巫师就会进入一种异常的意识状态，在这种状态中，人们就相信他们激活了超自然的力量，可以游走在宇宙的任何一个空间，赋予部落民众额外的超能力。

在古罗马时代，只要角斗士出现在圆形剧场中央，观众就会不约而同地瞪大眼睛看着剧场，力图看清楚他是何方神圣。观众不但有着高涨的热情，爆发的声势也很高昂，倘若有角斗士仓促上阵，观众就会起哄，那些情绪激动者甚至能从座位上站起来，一面手舞足蹈，一面威胁角斗士。观众之间也会发生冲突，他们会因为对某个角斗士的不同评价而大打出手。实力较弱的角斗士惨败的时候，观众立即会兴奋地呼叫，包括女性在内。

如果因形象的暗示而产生的感情十分强烈，那它就会变成行动。即使在当今时代，这样的故事也层出不穷。

在某个大众剧院中，仅仅是因为上演了一部让人情绪消沉的戏，剧院就不得不小心保护那个叛徒的扮演者离开，以免他被那些义愤填膺的观众粗暴攻击，这些盲目的观众根本不会理会叛徒的罪恶不过是剧作家的虚构。这也再次印证了群体没有理性的思维，虚构的因素所产生的影响远远高于现实因素的影响，至于这两者的差异他们却是茫然无知的。

想领导群体，就得在他们的想象上下功夫。几乎所有侵略者的权力和国家的权威，都是建立在群体的想象之上。诸如佛教、基督教和伊斯兰教的兴起，还有宗教改革、法国大革命及社会主义的崛起，通通都是群体想象力的产物。

所有伟大的政客，包括最专横的暴君，都把群众想象力视为权力的基础，他们从来不会与群众的想象力作对。

拿破仑表现得更为突出，他在国会演讲时这样说：“我通过改革天主教，终止了旺代叛乱[25]；通过摇身变成穆斯林，在埃及成功立了足；通过宣传教皇至上，赢得了意大利神父的支持；如果我去统治一个犹太人的国家，我也会重修所罗门的神庙。”

自亚历山大[26]和恺撒以来，还没有一个伟大的人物不重视影响群众的想象力。拿破仑一生自始至终都在全神贯注的事情，就是如何强烈地控制群体的想象力。在胜利时，在屠杀时，在演说时，在自己的所有行动中，他都把这一点牢记心中。直到他躺在床上快要咽气时，依然对此念念不忘。

拿破仑建立了彪炳千秋的功业，尽管成千上万的士兵因为他的野心而客死他乡，但民众仍然认为他是当之无愧的帝王与英雄，数不胜数的民众情愿为其赴汤蹈火。

究竟如何才能影响群众想象力呢？只需要注意一点：不可求助于智力和推理，忌讳用论证的方式。恺撒被布鲁图斯[27]等

25 “旺代叛乱”是法国大革命中的一个重大事件。它起因于共和国政府的政策与农民的传统情感之间的冲突，共和国政府的过激政策无疑应负一定的责任。

26 亚历山大（公元前356—前323），生于马其顿王国首都派拉城，曾师从古希腊著名学者亚里士多德。18岁随父出征，20岁继承王位，是欧洲历史上最伟大的军事天才，马其顿帝国最负盛名的的征服者。他雄才伟略，骁勇善战，领军驰骋欧亚非大陆，使得古希腊文明广泛传播，是世界古代史上最著名的军事家和政治家。

27 布鲁图斯（公元前85—前42），布鲁图斯出身罗马贵族世家。其祖先为罗马共和国的缔造者卢修斯•朱尼厄斯•布鲁图斯，其姓氏布鲁图斯（Brutus）在罗马人心中的地位等同于罗马共和国。罗马著名政治家、军事家卡图在塞浦路斯做总督时，布鲁图斯开始了他的政途，他成为卡图的助手。在这段时期里他靠发放高利贷迅速地成为显贵。他在初次进入了参议院以后，便加入了保守派反对当时由恺撒、庞培、克拉

人刺杀于元老院后，安东尼[28]为了让民众把敌视矛头指向谋杀恺撒的凶手，他指着连中23刀的恺撒尸体，满脸悲愤地慷慨陈词。他的策略收到很有力的效果，民众都被安东尼的情绪感染了，自发地集合起来高呼恺撒的名字，要求将布鲁图与喀西约两个人宣判为人民公敌。布鲁图斯与同谋喀西约很快便沦落至众叛亲离，安东尼又在葬礼上用标枪挑起恺撒的血衣，当众宣布了恺撒的遗嘱。大众因此而狂乱，举着火把追杀凶手。最后布鲁图和喀西约在绝望之中自杀身亡。

不管刺激群众想象力的是什么，都必须遵循以下两点原则：

第一，建立令人惊骇的鲜明形象。

第二，不作任何多余的解释，只需要加上几个不同寻常或神奇的事件渲染相关形象就已足够。这些事件可以是一场伟大的胜利，也可以是某个大奇迹，或者是一桩惊人的罪恶，甚至是一条令人震惊的预言，一个恐怖的前景。但无论哪一类，都

苏三人执政的元老院。他非常痛恨庞培，因为庞培在公元前77年暗杀了他的父亲。在公元前49年的庞培与恺撒的罗马内战中，布鲁图斯作为保守派的代表投靠了他的老仇敌庞培。在希腊境内的法塞拉斯大战中庞培惨败，之后布鲁图斯便写信向恺撒致歉，并很快得到了原谅。恺撒又在这以后将他召入了自己的阵营。因为恺撒当时已经是一个独裁者。于是布鲁图斯与表兄一起密谋对付恺撒。公元前44年，在布鲁图斯的策划下，一群参议员（其中包括布鲁图斯）将恺撒刺杀于庞贝城剧院的台阶上。布鲁图斯等人因此不得不逃亡东方。公元前42年春天，布鲁图斯的军队打回了罗马，但军队的士气十分地低下。布鲁图斯最终战败自杀。

28 马克•安东尼（约公元前83—前30），是古罗马政治家和军事家。他是恺撒最重要的军队指挥官和管理人员之一。恺撒被刺后，他与屋大维和雷必达一起组成了后三头同盟。公元前33年后三头同盟分裂，公元前30年，马克•安东尼与埃及女王克利奥帕特拉七世一同自杀身亡。

必须整体呈现在群体面前，而其来源则不必透露给大众，以免引起不必要的麻烦。

历史证明，影响民众想象力的并非事件本身，而是事件发生和引起关注的方式。因此只有进行改造加工，才能建立起令人瞠目结舌的惊人形象。

哪怕是成千上万的小罪行或小事件，往往都不能触动群众的想象力。然而一次大罪行或大事件却足够让他们印象深刻甚至刻骨铭心，即便它的存在危害甚微。法国曾经爆发过可怕的流行性感冒，仅仅在巴黎就夺走了5000人的生命，但是它却没有在百姓中间造成重大的反响。这正是由于这种真实的大规模死亡没能以某个生动形象表现，而是通过每周发布的统计信息告知公众的。

假如一次事件造成的死亡只有500人而不是5000人，但是只要它能在一天之内发生在公众面前，也自然会成为一桩引人瞩目的事件，譬如说哪一天埃菲尔铁塔轰然倒塌，就会对群众的想象力产生重大影响。

曾经，有一艘横渡大西洋的大型汽船由于失去联络，人们便以为它早已沉没，这件事情对大众想象力的影响整整持续了一周。但根据官方的统计表明，仅在1894年的一年间，就有850条船和203艘汽轮失事。就以事故造成的生命和财产损失而论，这些要比那次大西洋航线上的失事严重得多，然而大众却从没有关心过这些接连不断的失事。

从这个意义上说，只要掌握了影响群体想象力的艺术，也就掌握了统治他们的艺术。

群体永远需要宗教与偶像

由于群体缺乏推理能力，面对观念问题的时候，就出现要么全盘接受，要么全盘否认的情况；对群体产生影响的那些暗示，会彻底征服他们本身的理解力，并且有使情绪立刻变成行动的倾向。假若影响恰当合理，那么群体就会为自己信奉的理想而慷慨赴死。由于群体往往会产生狂躁且极端的情绪，致使同情心很快升华为崇拜感，倘若群体心生厌恶，那么这分厌恶便会光速般沦为仇恨。有关群体的这些特点，假如我们做过更细致的研究，便会发现无论是在宗教信仰狂热的时代，还是在政治极度动荡的时代，都会存在同样的感情和古怪的形式——没有比宗教感情更好的称呼了，这就是偶像崇拜。

这种感情十分简单，对某种力量的畏惧，使得信徒盲目服从偶像的命令，信徒没有能力也不愿意对偶像的信条展开讨论，他们有着传播偶像信条的强烈愿望，把不接受这些信条的任何人都视为仇敌。无论这种感情涉及的是看不见的上帝，还是一具木雕、石像、某个英雄或政治观念，只要具有上述特点，便是一种宗教般的感情。

路易十五时期，圣格美伯爵声称自己发现了长生不老药和点金石，夸耀自己活了两千多年，无数人都选择相信了他的鬼话。他当时约七十岁，但看起来只有四十多岁，气色非常好。他是个博学多才的人，当被问到他与古代圣贤交往的状况时，他没有任何破绽，完全可以对答如流。能够随意进出社交明星庞帕德夫人化妆间的只有圣格美伯爵一个人。伯爵在她面前表现得很谦虚，夫人很喜欢与他聊天，夫人也相信圣格美伯爵至少活了300年。

一旦大众开始迷信一个人，就常常会攀比谁更迷信。

在巴黎，处处都在流传这位伯爵的传奇故事。几个喜欢恶作剧的年轻人进行了一项试验：他们雇佣了一位喜剧演员，让他扮成圣格美伯爵的模样，然后站到大街上去吹牛。这位假伯爵站在大街上胡言乱语，说自己曾经与救世主共进晚餐，而且把酒变成了水；还说自己和耶稣是密友，耶稣经常警告他不可太放荡，否则晚景甚为凄凉。最后这位假伯爵惊讶地发现，大众简直什么都相信，甚至连如此亵渎神灵的混账话，大众也是夸张地毫不怀疑。

倘若一个人，他只是崇拜某个神，这还远远不是一个虔诚的信徒。只有当他把自己的一切思想、发自肺腑的幻想热情全部奉献给一项事业或一个人，并且无条件地顺服，将其作为自己全部思想和行动的目标与准绳时，才能够说他是个虔诚的信徒。

偏执和妄想与宗教情感形影不离。但凡那些自认为掌握了现世或来世幸福秘密的人，都会有这样的表现。17世纪初，德国的“玫瑰十字”教派正是这样的一个团体，当时几乎所有的梦想家和炼金术师都加入了这个教派。他们称教派的前八名成员有包治百病的神通，只要他们愿意，就可以随时粉碎教皇的三重皇冠。这些人信誓旦旦地声称加入“玫瑰十字会”的人能得到神的保佑，拥有创造奇迹的魔力。所有会员都有消除瘟疫、平息狂风暴雨的神奇能力，有的能腾云驾雾、一日千里，有的能够打败恶魔起死回生。这种妄想在信徒中迅速传染，他们逐渐变得越发狂热，最终成了偏执的宗教狂。

恐怖统治时代的雅各宾党人，他们在骨子里和宗教法庭时代的天主教徒一样虔诚，狂暴的激情也有着同样的来源。

盲目的服从、残忍的偏执、狂热的宣传等，是宗教感情固有的特点，群体的信念也如此，他们的一切信念都带着宗教的形式。被某个群体拥戴的英雄，在这个群体看来就是一尊真正的神。当了十五年神的拿破仑，他得到的崇拜比任何一尊神都要多，也比任何一尊神都更容易置人于死地。即使基督教的神和异教徒的神，对他们的信徒都从未实行过如此绝对的统治。

作为一名领袖，如果想让自己创立的宗教或政治信条稳稳地立足，你就必须成功地激起大众的想入非非之情。群体无时无刻不在幻想，如果能够在崇拜和服从中找到自己的幸福，那他们就能随时为偶像赴汤蹈火。

法国作家德·库朗热曾经指出，武力不是维持罗马帝国的根本原因，整个帝国的武装力量只有区区若干个军团，整整一亿人甘愿对罗马俯首帖耳，秘诀就是偶像崇拜，神就是皇帝本人！

他们服从的原因很简单。皇帝是罗马的人格化象征，他像神一样得到了全体人民的顶礼膜拜。在他的疆域之内，即使最小的城镇也设有膜拜皇帝的祭坛。从帝国的一端到另一端，到处都能看到新宗教的兴起，它所崇拜的神就是皇帝本人。

基督教兴起之前，整个高卢地区都建造了纪念奥古斯都皇帝的神殿，人们为了维持这种机制，专门为每个城市选举出一名大祭司，这些祭司都是当地的首要人物，权力与威信都凌驾于市政官与治安官之上……显然，不能把这一切都归因于畏惧和奴性，不可能整个民族全是奴隶，尤其是长达3个世纪的奴隶。所以崇拜君主的并不仅仅是那些朝臣，而是全罗马；也不仅仅是全罗马，还有高卢地区、西班牙、希腊和亚洲诸多国家。

只有成功地激起群众想入非非的情感，一切宗教或政治信条的创立者才能成功立足。如今，支配着人们头脑的大多数大人物，人们已经不再为他们设立圣坛，但是他们还有雕像，或者画像，他们依旧得到崇拜，和前辈相比毫不逊色。大众首先需要一个上帝！偶像崇拜永远不会消亡，大众群体需要宗教。

偶像崇拜并不只是过去时代的神话，它也没有被理性彻底地清除。在感性与理性永恒的冲突之中，理性从来没有战胜过感性。大众长期被奴役着。在过去的一百多年里，他们从未拥有过如此多的崇拜对象，即使古代的神，也与拥有这么多的塑像绝缘。但是无论时代如何进步，我们相信即便不再有圣坛与雕像的存在，也必然会有新的形式来替代。

研究过大众运动的人都知道，在布朗热沙文主义的旗号下，大众的宗教本能是多么容易复活。1886年，那位鼓吹对德复仇的布朗热将军开始担任陆军部长。几乎在所有的乡村小酒馆里，我们都能看到这位将军的画像。他成了人们心目中匡扶正义、铲除邪恶的全能英雄，进而成千上万的人都愿意为他万死不辞。但若不是他性格懦弱、临阵怯场而不敢发动政变的话，以他传奇的声望，定能在历史的伟人名单上占据一席之地。

毋庸置疑，大众离不开宗教，任何想在群众中扎根的政治、神学或社会信条，都必须依赖宗教的形式，采用这种能把危险排除在外的讨论形式。没有一个团体能够像宗教这样可以排除对危险的讨论，然而这些危险，又往往意味着分裂的开端。即使要大众接受的是无神论，这种信念也得表现出宗教情感中特有的偏执，只有表现出顶礼膜拜的服从，才可能被群体接受。

陀思妥耶夫斯基[29]——这位深刻的思想家——曾是一位虚无主义者，他是虔诚的有神论者，有一天，他受到了理性思想的启发后突然觉悟，随后就撕碎了小教堂祭坛上一切神仙和圣人的画像，吹灭了蜡烛，取而代之的是无神论哲学家的著作。他的转变看起来非常理性，其实宗教感情却没有丝毫变化，只不过是换了不同宗教信仰的对象。

29 费奥多尔·米哈伊洛维奇·陀思妥耶夫斯基（1821—1881），文学家，19世纪群星灿烂的俄国文坛中一颗耀眼的明星，与列夫·托尔斯泰、屠格涅夫等人齐名，是俄国文学的卓越代表。他所走过的是一条极为艰辛、复杂的生活与创作道路，是俄国文学史上最复杂、最矛盾的作家之一。主要作品有《双重人格》《女房东》《白夜》和《脆弱的心》等几篇中篇小说，以及其代表作《罪与罚》。

研究群体信念时，我们若想理解那些十分重大的历史事件是如何发生的，就只能采取宗教形式来进行。对某些社会现象的深入研究，更需要着眼于心理学，而不是自然主义。史学家泰纳只从自然主义角度研究法国大革命，所以他看不透相关事件的起源也就在情理之中。虽然他对事实有充分的讨论，但从研究群体心理学的角度分析，他并不是总能找出大革命的起因。大革命中血腥、混乱和残忍的一面让他惊恐，他不理解战争为何能如此地扭曲人性，也看不出那些伟大戏剧化的英雄背后还有一群癫狂的野蛮人在肆意妄为，而且这群人毫不约束自己的本能。

法国大革命的暴烈，革命者的肆意屠杀，革命对宣传的需要以及革命所引发的战争宣言，诸如此类最后统统因为泰纳研究方法的偏差而被湮没。其实这场革命不过是新宗教信仰在大众中建立起来以后导致的，只有明白这些你才会得到更恰当的解释。除了法国大革命之外，宗教改革、圣巴托洛缪的大屠杀、法国的宗教战争、西班牙的宗教法庭都是受宗教感情激励的大众所为，凡是怀有宗教情感的人，他们必然会想方设法地消灭掉与他们对立的宗教信仰者。

遍布西班牙全境的宗教裁判所，仅在1483—1498年里，就以火刑处置了数百人。因此我们也就不再奇怪，为什么那些对信念坚信不疑的人，一般都会采用这样的办法来对付反对者。因为假如他们采用了别的办法，他们的信念就不会得到这样的评语了。

只有在群体的灵魂想让它们发生时，类似上面的事件才有可能发生。即使是最绝对的专制者也没有能力制造出这些事。倘若一位史学家告诉我们圣巴托洛缪惨案是由国王下达命令进而执行的，这也正说明他和君王一样对群体心理一无所知。因为所有的屠杀命令，固然可由君王来发布，然而贯彻者却必须是也只能是群众。在这些事件的深处，我们找到的绝不是统治者的权力，而是群体灵魂的出窍。

第二卷

群体的观点和信念

第一章　群体观点和信念中的间接因素

群体的观点和信念的基础

在研究了群体的精神结构，了解了群体的感情、思维和推理方式之后，接下来我们要探讨群体的意见和信念形成的缘由问题。

群体意见和信念取决于两种因素：间接因素和直接因素。

间接因素是指能够使群体接受的某些信念，群体接受这些信念后，难以再接受别的信念。这些因素是以下情况出现的基础：突然冒出一些威力与结果都令人吃惊的新观念，某些观念开始盛行，其教条被付诸行动，一切看起来都十分突然。在这种表象背后，我们可以找到一种延续良久的准备力量。

随着这些长期性准备力量的延续，它们渐渐演变为说服群体实施行动的导火索，此时就变成了直接因素。当然若是没有那些准备性工作，直接因素也不会奏效。这就是说，直接因素是可以让观念采取一定形式并造成一定结果的因素。那些突然被大众贯彻的方案就是被直接因素引起的。一次骚乱的爆发，或是一个罢工决定，甚至民众授予某人推翻政府的权力，这些都可归结于直接因素。

如果说间接因素相当于长时间的风化现象，那么直接因素便是一次强烈的地震或台风，纵然貌似是外力破坏了房屋，但其实是房屋的地基不稳所致。

在所有重大的历史事件中，我们都能发现这两种因素的相互作用。

举一个令人震惊的事件，人人熟知的法国大革命，它的间接因素包括哲学家的著作、贵族的苛捐杂税与科学思想的进步。具备了这些间接因素的准备之后，民众的大脑便很容易被演说家的演讲打动，或者更愿意反抗朝廷不痛不痒的改良。

某些间接因素往往具有普遍性，它们是一切信念和意见的基础。这些因素就包括种族、传统、时代环境、各种典章制度和教育等。

种族因素

种族是最重要的间接因素，它的重要性远远超过其他各种因素。我在《民族心理学》中曾充分研究过。由于每个种族都有它的特点，而且这种特点又形成了它的形形色色的种族性格。这种性格的代代相传，便会形成这个种族的力量、信仰、制度和艺术。总而言之，这个种族文明中的一切成分，仅仅是它种族性格的外在表现。

观念在不同的种族之间传播的同时，也总会发生一些深刻的变化。某些环境变化、突发事件，有的甚至可能会为一个民族带来新的暗示因素或者相当大的影响，同时还引导他们的行动，但如果这种影响与该民族的民族性格相反，或与一个民族世代所继承的因素对立，那么它也只是暂时性存在而已。

种族因素的影响足够强大——它决定了群体气质的特征。

这一事实的后果是，群体在不同的国家会表现出相当不同的信念与行为，受到影响的方式也各不相同。

英国的南海事件是这方面最好的例子。当时，密西西比股票疯涨，法国经济如日中天，在这些神奇的泡沫肆意膨胀的日子里，法国人失去了仅存的理性，不再满足于从事那些赢利较慢的产业，人人都渴望能够立刻拥有无穷无尽的财富，于是铤而走险，开始了一场大胆的冒险计划。

英国也已感受到这股火热的金融行情，像法国人一样，英国人也被这种离奇的计划所迷惑，千万双眼睛都饱含欣喜，仿佛看到了金银财宝迎面扑来的盛况。与法国不同的是，盎格鲁-撒克逊民族骨子里的那种强烈的理性成分发挥了作用，其实除了一部分执着坚持反对意见的当权者之外，普通百姓也并没有完全参与这场疯狂游戏。这也正是这场闹剧在法国持续了整整4年，而在英国只进行了8个月的主要原因。

关于民族这一因素的作用，以后必然还会有所涉及，在这里，我们需要了解的是它对各个民族群体气质特征的影响。

正是这种影响存在着的差别，才决定了今日世界的格局。

传统因素

传统，可以说是过去的观念、欲望和感情，它是种族综合作用的产物，它对我们的日常行为产生了诸多难以察觉的巨大影响。传统是种族的特性之一，生物科学在胚胎学上证明了过去的时间对生物进化的巨大影响后，便发生了变化；假如我们把民族看成单个的生物，那么传统就是在历史中形成的一个有机体。

如果这个理论妇孺皆知，想必历史科学一定会出现类似的变化。许多政客未必比之前的学究们高明，但他们却始终坚信社会能够和自己的过去决裂，可以完全遵照理性指引下的唯一道路前进。

等同于其他有机体，民族也只能通过缓慢的遗传积累过程产生变化。因此，除了一些名称和外在的形式之外，一个民族传统的稳定性极强，传统的任何本质是不受人为改变的，就如同喀斯特地貌中的钟乳石一样，它需要长年累月的沉淀，一旦形成之后，又很难被腐蚀损坏。

传统不仅稳定，而且支配着人们的行为，尤其是它们形成群体的时候更为突出。如上所述，能够轻易改变的，只不过是传统的一些名称和外在形式而已。我们也不必为此感到遗憾。

因为倘若脱离了传统，民族气质和文明也都将不复存在。人类通过两大努力来保持传统，一是建立传统；二是当有益的成果变得破败不堪时，人类便努力扼杀这种传统。不可否认，如果没有旧传统，文明就不可能延续；反之，则文明就不可能进步。

而我们要面对一个困难——一个极其巨大的困难——如何在稳定与求变之间取得平衡。如果一个民族的习俗过于牢固，那么就很难发生变化，这种例子多如繁星，许多国家在历史的进程中都会故步自封，致使整个国家丧失了各种创造能力。即使暴力革命也无济于事，因为这样也不过是将打碎的锁链重新拼接而已，再现过去的习俗；或者是完全无视被破坏的事物，让无政府状态来取代衰败。

相对民族而言，最理想的状态便是保留过去制度的同时又在潜移默化中循序渐进。想要在稳定和变革之间取得平衡，这本来就很困难。更何况，群体会本能地阻挠一切变革。迄今为止，能在不知不觉中成功变革的也只有古罗马人和近代的英国人。

群体疯狂地迷恋传统，他们总是抱残守缺，极其顽固地反对变革那些传统观念。即使是最狂暴的反叛行为，最终也不过是嘴皮子战争而已。18世纪末，当时的法国教堂被毁，僧侣有的被驱逐出境，有的命丧断头台，甚至礼拜制度也一度销声匿迹。人们几度认为，旧日的宗教观念已经丧失殆尽。但几年后，统治者为了顺应平民大众的要求，礼拜制度又奇迹般地建立了起来，旧传统又恢复了昔日的影响。

我想最不受质疑的偶像并不在庙堂之上，也不是宫廷里那些专制的暴君——他们瞬间就能被摧毁。支配着我们内心最深处的，是那些隐形的主人——传统，它能安全地避开一切反叛。只有在漫长的时间里日益消磨直至产生新的传统的时候，它才可能会被打破。

时间因素

时间对于社会问题就如同时间对于生物学问题，它也是影响群体心理特征最有力的间接因素之一。

即使是种族因素，也逃不过时间的影响，因为时间是世界万物的真正创造者，也是世界万物唯一的毁灭者。积土成山、滴水穿石需要时间，从地质时代模糊难辨的细胞进化到高端的人类入住地球，也是需要时间。短短的几百年，便足以发生天翻地覆的变化，让一切都呈现沧海桑田的面貌。毫不夸张地说，假如蚂蚁有足够的时间，它们完全可以把勃朗峰夷为平地。所以如果有人掌握了随意改变时间的魔法，他便拥有了上帝的权力。退一万步讲，倘若没有足够的时间，人类便也无法繁衍壮大进而形成民族。时间可以引起种种信仰的诞生、成长和死亡，它们因为时间而获得力量，同时也因为时间而失去力量。时间可以酝酿群体的观点和信念，一些观念可实现于一个时代，却不能实现于另一个时代，这就是症结所在。

各种信仰和思想的碎屑受时间左右而堆积成山，它使某个时代能够产生观念。这些观念的出现，并非掷骰子一样，输赢完全依赖着运气，它们是深深植根于漫长的过去。之所以能开花结果，是因为时间的未雨绸缪之效。要想了解它们的起源，人们就必须回顾过往。

这些信仰和观念既是历史的儿女，还是未来的母亲，但它却永远都是时间的奴隶。

席卷欧亚大陆的十字军狂飙的出现，就绝非偶然。面对络绎不绝的基督朝圣者，圣城耶路撒冷的官方颁布了一个苛刻的法令：每个朝圣者若想进入圣地，都必须缴纳一个金币的税金。

这个法令让那些千辛万苦而来的朝圣者怒火中烧，穷困潦倒的人们只能在耶路撒冷城外徘徊驻足，直到遇到一位富裕的信徒慷慨解囊后才纷纷得以顺利进城。可想而知，这时期的耶路撒冷统治者，他们的滚滚财源便是这些无穷尽的朝圣者。

伴随着势不可当的朝圣者，统治者便在朝圣的路上设下种种障碍，他们处心积虑地以各种方式来迫害朝圣者：抢劫、鞭打、数月被关在城外、被迫缴进城税等，这些情形整整持续了一个多世纪，双方的矛盾越发深厚，危机一触即发。

一位名叫彼得的隐士历经磨难后赶到耶路撒冷，没想到竟受到了各种虐待。这让彼得义愤填膺，他到处进行演讲，以此来历数东方世界的邪恶，声泪俱下地控述基督徒在圣地受到的虐待，最终惊动了教会上层，使得教会做出了“解放圣地”的决定。试想如果没有这长达一个世纪的情绪积累，西方世界又怎会在一夜之间做出这样的决定呢？

时间是我们最可靠的主人，我们对大众可怕的抱负和其所遭受的迫害而引发的骚乱深感不安。其实如果想要恢复平衡，除了时间别无他法。拉维斯先生所言甚是：

没有哪种统治形式可以一夜之间建立起来。政治和社会组织都是历经数百年才被打造出来的产物。封建制度在建立典章之前，经历了数百年毫无秩序的混乱。绝对君权也是在存在了数百年后，才找到了统治的成规。

制度因素

改革社会的弊端可以通过改进统治制度来进行，国家进步是好制度的结果，社会变革可以用各种命令来实现，诸如这些看法至今仍被世界各类人士广泛认同，殊不知这其实是一系列严重的谬见——这正是法国大革命的导火索，目前的各派学说也仍然以此为基础。

连续性最强的经验教训也无法动摇这个重大的谬见。哲学家和史学家们想证明它的荒谬，最终枉费心机。不过他们可以毫不费力地证明，各种制度是观念、感情和习俗的产物，而观念、感情和习俗并不会因为法典的改写而被改写。

对一个民族而言，他们无法随意选择自己的制度，就如同我们不能随意选择自己的头发和眼睛的颜色一样。由于制度和政府都是民族的产物，这也就决定了它绝对不可能创造一个时代，而只能被这个时代所创造。

一个民族该如何被统治由它的性格决定。形成一种政治制度需要上百年的时间，所以要改变它也同样需要这么多时间。世界上不会存在一个绝对的好制度或者一个绝对的坏制度。而就其本身而言，各种制度其实无所谓好坏。

当然，在特定的时刻，对一个民族有益的制度，未必对另一个民族也会有利。比如，我们通常认为共和制要比君主制更为民主，因此共和国的人民也就要比君主国的人民更为幸福。可实际情况又是怎么样的呢?

英国是世界上最民主的国家，至今还生活在君主制的统治之中，反倒是那些拉丁美洲与非洲的民主共和国，他们还常常专制而嚣张地压迫公民。尽管这些国家都建立了共和制度，也制定了共和国的宪法，但毕竟决定着各个民族命运的是种族性格，而不是他们的共和政府。

如同小孩子玩把戏一样，浪费时间去炮制各种煞有其事的宪法，不过是无知的修辞学家徒劳的工作。要真正意义上地完善宪政，最明智的做法就是让必要性和时间这两个关键因素发挥作用。这就是盎格鲁-撒克逊人采用的办法，正如他们伟大的史学家麦考利的话一样：拉丁民族各国的政客，应该真诚地学习这种方法。他认为，从纯粹理性的角度看法律，只会看见一片荒谬与矛盾。他对疯狂的拉丁民族所制定出来的宪法文本与英国的宪法进行比较后指出，后者总是在潜移默化中改变，且英国制订宪法遵循如下五大原则：

1.影响来自必要性，而不是来自思辨式的推理。

2.不考虑是否严谨对称，更多的考虑是否方便实用。

3.不单纯以不一致为理由去消除不一致，除非有明显的缺憾，否则绝对不变革。

4.除非能够消除这些缺憾，否则绝不进行革新。

5.除了针对具体情况必须提供的条款之外，绝对不制订任何范围更大的条款。

这五大原则，从约翰国王时代延续到维多利亚女王时代，一直支配着拥有二百多年历史的议会，让他们的行动有章可循，有法可依。

想要弄清各个民族的法律与制度满足其自身需要的程度如何，没有必要进行粗暴的变革，对它们逐一审查即可。比如对集权制的优点和缺点，可以专注于哲学上的考究。由不同民族构成的法国，用了整整一千年的时间来维护集权制，但当法国的人民感觉到不满时，他们毅然决然地选择了粗暴的革命。一场摧毁过去一切制度的大革命平息后，人们惊讶地发现，大革命在毁灭了一套旧集权制的同时，又建立了一套新的集权制，并且新的集权制度得到了进一步强化，最后更具压迫性。

由此看来，我们就得承认法国迫切需要的就是集权制，它是这个民族的生存条件。然而对于那些总是奢谈摧毁集权制度的智障人群，我们应该深表同情。

所以说，现实中存在的问题是无法单纯用制度能解决的，到制度中去寻找民族的幸福也是不妥当的。以暴力革命作为代价，它可以改变其名称，但是其本质依然如故。名称只不过是符号代称而已，历史学家在深入到事物的深层时，就会发现这些因素其实无关紧要。

从西班牙的殖民统治下独立出来的众多拉美国家，他们做的第一件事就是效仿美国，疯狂痴迷地效仿制定各种章法，结果却异常不容乐观。

美国在民主制度下取得了高度繁荣，然而其他国家，比如西班牙曾殖民统治过的那些美洲共和国，它们的制度极其相似，但后者却生活在较为混乱的状态之中。可见制度与一个民族的伟大衰败毫不相干。事实证明各个民族完全是受自己的性格支配，凡与这种个性格格不入的模式，都不过是一件借来的外套、一种临时性伪装而已。

但是这一点，大众群体是完全意识不到的，他们将种种不满归结于某种制度，又将希望寄托于某种制度。他们如同对待圣人的遗骨一样去对待尚未实行的制度，无形中赋予这些制度可以创造幸福的超自然力量。各种幻想和新词汇反复冲击民众的头脑，尤其是后者，它们对民众的影响力和它们的荒诞同样强大。所以由于某些制度的强行建立而进行的血腥战争和暴力革命一直都在发生，而且还会继续发生下去。

教育因素

当前的主要观念中，首先提出的是：教育能够改变人。这种观点认为，教育能神奇且全能地改造大众，甚至能让社会底层的人彻底翻身，实现与贵族或少数精英平起平坐的宏愿。人们不断地重复着这种主张，当一种观念被无数次重复之后，可想而知，它就足以成为最牢固的民主信条。以至于而今若想要击败这个信条，就会像过去击败教会一样困难重重。

和其他诸多问题相似，对这个问题，民主观念、心理学和诸多经验的结论有着深刻的差异。包括赫伯特·斯宾塞在内的许多杰出哲学家也都有力地证明：教育既不会使人变得更有道德，也不会使人更为幸福；既不能改变人的本能，也不能改变人天生的热情。甚至在某些时候，教育的坏处还会远大于它的好处——倘若受到不良引导的话。

统计学家也为这种观点提供了佐证：根据统计学家的观点，犯罪会随着教育，至少是某种教育的普及而增加，现实生活中那些社会上最坏的一些敌人，也都是在学校获奖者名单上有案可查的人。一本著作显示，受过教育的罪犯群体和文盲罪犯群体的比率是3:1。令人吃惊的是，在50年的时间里，单位人口中的犯罪比例从每10万居民中的227人上升到了552人，增长了2.3倍之多。

在法国，这一点尤为显著，据调查，法国的年轻人犯罪率大幅度攀升，而人尽皆知的是，法国会为这些年轻人提供诸多免费的义务制教育。而往往那些最后成为社会敌人的，却都是些受过高等教育的人群。

当然，正确的引导和教育还是非常有益的——就算不能提升道德水平，至少也会有益于专业技能的发展。不幸的是，尤其在过去25年里，拉丁民族竟然把他们的教育制度建立在了异常错误的原则中，尽管布吕尔、德·库朗热、泰纳等许多人提出了意见，他们依然重蹈覆辙。在过去出版的一本书中，我本人也多次指出：法国的教育制度把多数受过这种教育的人变成了社会的敌人……

这种制度可能很吻合拉丁民族的秉性，其实这种教育制度是完全建立在一个错误的心理学理论上，这种理论荒诞地认为，智力是通过刻苦钻研教科书来提高的，只要一个人的成绩足够好，那么他的智力就会获得稳健的提高。

从小学到大学，一个只能死记硬背书本知识的年轻人，你很难想象，他的独立思考能力和个人意识怎样才能健康地得以施展。对于他们而言，受教育只是意味着背书和服从。在学校里对着语法和公式努力的学生大有人在，他们为的是做到准确的重复和出色的模仿，这种教育唯一的成就只是把我们变成学舌的鹦鹉。

如果应试教育仅仅是无用的，那我们尚可还有理由去同情那些孩子们，虽然他们没有在学校里从事真正必要的学习，但好歹学会了基本的传统文化和科学常识。然而事实上，这种制度所造成的危险要远比这严重得多，它会使服从它的人强烈地厌恶自己的生活状态，只想逃之夭夭。

这会严重导致工人不想做工人，农民不想当农民，而大多数地位卑贱的中产阶级，除了吃国家公务员这碗饭之外，都不想让他们的后代从事任何别的职业。学习的唯一目的不是让人为生活做好准备，而是让他们有一个铁饭碗，想要取得成功就必须要懂得结党营私，这无须任何自我定向，也不必有哪怕丁点儿的个人主动性。

在社会底层，应试教育制度创造了一支无产阶级大军，这个群体总是对自己的命运愤愤不平，随时都想造反。在高层又培养出一群轻浮的纨绔子弟，他们轻信多疑，对国家抱着迷信般的信任。一边把它视若天道，一边却又充满敌意，他们总是把自己的过错推给政府，但若离开了当局的支撑，他们必定会一事无成。

国家用教科书制造出了这么多有文凭的人，然而可利用的人才却寥寥无几，更多的人却只能无所适从。于是，没有得到职位的人便全都成了国家的敌人。

从社会的最高层到它的最底层，从最卑微的小秘书到权威教授和警察局局长，有大量炫耀文凭的人群，他们在围攻各种政府部门的职位。商人想找一个得心应手的生意助手是难上加难，成千上万的失业大军与谋求安逸的人，却不约而同地都执著于谋求最平庸的机关差事。

仅仅是在塞纳，这个地方就有近千名男女教师失业，他们蔑视农田或工厂，只想从国家那儿讨生活，可是名额毕竟有限，这就致使大量高不成低不就的人心怀愤懑。他们随时会参与任何革命，不管头领是谁，也不管目标为何。

掌握那些毫无用处的知识，是让人造反的不二法门。我们教育制度的唯一价值就是，为这个多灾多难的国家徒增了数以万计的懒汉、寄生虫和不安定因素。放眼全世界，犯下此种错误的民族比比皆是。

迷途知返，为时不晚。只有这位经验最好的老师才会最终指出我们的错误——必须废除我们那些可恶的教科书和可悲的考试，用勤劳的教育取而代之，让我们的年轻人重回田野和工厂，回到他们而今不惜任何代价都执意逃避接触辛勤的现状。机械化地向年轻人灌输大量的肤浅知识，培训他们完美背诵教科书的能力，他们的智力水平不可能得到提高。判断力、经验、开拓精神和个性才是真正能够帮助我们走向成功的条件！然而我们在书中是很难获取这些优良品质的，教科书和字典纵然是实用性很强的参考工具，但长久地把它们放在脑海里是毫无益处的。

所有受教育的人，他们所需要的专业教育实际上都是我们祖辈所理解的教育。

当今社会，这种凭借自己的意志力、开拓能力和创业精神在世界中称雄称霸的教育模式依然强盛。伟大的思想家泰纳先生曾经多次在系列篇章中清楚地表示，国内往昔的教育制度与今天的英国和美国相似性极强。关于拉丁民族和盎格鲁-撒克逊民族的制度，当泰纳非同寻常地进行比对时，他明确指出了这两种方式的后果。

如何才能实现这种既能提高专业智力，又能使它高于古典教育的水平呢？泰纳先生说：

只有在自然且正常的环境中才能形成正确的理念。因此，我们需要年轻人每天从工厂、矿山、法庭、书房、建筑工地和医院获得大量的感官印象；他得亲眼看到各种工具、材料和操作；他得与顾客、工作者和劳动者在一起，不管他们的表现是否好，也不管他们是否盈利。也只有采取这种方式，才能使得孩子们对那些从眼睛、耳朵、双手甚至味觉中得到的各种细节，多少产生一定的理解。

这些细节学习人员可以在潜移默化中获得，然后默默地推敲，直至悄然成形，无论怎样相关提示都会产生，只是来早与来迟而已。他们会依据相关提示着手新的组合、简化、创意、改进或发明。

然而我们恰恰却都是在最能出成果的年纪，那些所有与宝贵的接触、不可或缺的学习因素都被无情地剥夺殆尽，在被赶进学校的时间都是七八个年头，我们被切断了所有亲身体验的机会，这些致使我们后来对于世间的人和事，尤其对于控制相关人事的各种办法，没能得到更为鲜明且准确的理解。

毫不客气地说，相当大比例的人都多少在这样的几个年头，浪费掉了属于他们的辛勤和努力，而且都是浪费在相对关键和决定性的年头里。他们之间甚至是2/3的人，都为考试而活，进而被残酷地淘汰。

人们成功得到了某种学历、证书等相关文凭，而后在规定的某一天，坐在一把椅子上，面对着一个答辩团，他们在两个多小时里，持续性怀着对科学家团体，即一切人类知识活清单的敬畏感，力争做到正确或是绝对正确。

但往往不到一个月，在脑子里那些纷繁复杂的知识持续性流失后，又伴随着新元素的丧失，这时候再次通过考试的梦想就俨然是天方夜谭。他们的精神活力已经衰退，继续成长的潜力也逐渐枯萎，这就导致他在面对这种可以满足自我充分发展的机遇时，反倒是异常的筋疲力尽。

和普通大众一样，他成家立业，最终彻底落入生活的俗套。在落入这种俗套的同时，也就意味着日后的自己，必然会封闭在自我的狭隘之中。即便工作中称得上所谓的安分守己，但也只是仅此而已。

这就是所谓的平庸生活，它的收益和风险完全是不成比例。

在教育青年人方面，英国人与美国人做得更好。

英国工程师之所以学有所成，主要归功于车间里的训练，而绝非是学校里的传统教学。这种办法足以表明，人人都有机会达到他的智力允许达到的水平。

倘若他是个平庸的人，完全没有可塑性的能力，那么他做工人或领班就绰绰有余；但如果他天资不俗，他便会成为工程师。相对个人前程而言，一个人数小时笔试的途径自然没有这种方法更民主，对社会贡献更多。

在医院、矿山和工厂、建筑师或律师的办公室里，那些在黄金年龄就开始工作的学生们，纵然大家都有机会接受大众化教育，在真正投入实际工作之前，他们也都是按部就班地经历着学徒期，这达到了让他们更好地学以致用的效果，而且空闲时间他还能得到多样化的技能，这无疑是把自己成功锻造成一个全面且健康的人的过程。学生的实践能力与学生的才能互相呼应，并且由于目前所锻炼的工作与未来工作的通融性，使得诸多的发展方向也完全吻合他未来的任务和特定工作要求。

所以，英美两国的年轻人，他们的自我发挥能力特别强。他不但可以成为固定工作者，甚至还具备自我创业的能力；他不只是机器上的一个零件，而且还是高效发动机。而在制度问题截然相反的法国，我们却越来越向个别亚洲国家看齐——相关人力浪费我们多少还可以接受一些，但是教育制度和实践生活持续性格格不入的趋势实在是让人咋舌。

分析拉丁民族的教育制度与实践生活后，针对相关差距问题，泰纳得出了如下结论：

在教育的三个阶段，即儿童期、少年期和青年期，如果从考试、学历、证书和文凭的角度看，坐在学校板凳上消化理论、亲近教科书的时间不但是无比漫长，而且还时刻超负荷运转。采用诸如此类糟糕透顶的方法，使得拉丁民族形成了严重违反自然和社会抗衡的制度。

人们只是盲目地坚持冗长的学徒期和培养懒汉的寄宿制度，以及过多的人为训练、填鸭式教学，而总是缺乏对将来时代的考虑，缺乏对学院职业的安排。他们对即将投入现实世界的年轻人装聋作哑，完全不考虑学生如何适应社会，如何认识到自我生存的必然斗争，还不教给学生如何保持坚强的意志……所有必要的准备、所有重要的学习以及丰富的常识、坚忍不拔的意念……历来都是这样，凡是年轻人应该拥有的知识，我们的学校总是置若罔闻。

现实生活中的我们所接受的教育，使得年轻人不但没有获得更好的生存能力反而还时刻存在被湮没的风险，这也总是给初出茅庐的年轻人造成各方面的硬伤，在他们进入某个活动领域的同时也意味着一系列的痛苦与折磨的开始，由此而生的伤痛往往久久不能痊愈，更严重的会致使人丧失正常的生活自理能力。

这种让人匪夷所思的教育制度，严重误导和扭曲了年轻人的精神与道德，而且对他们的健全人格和正常生活造成了毁灭性的破坏。在严酷的现实面前，学校的幻想与美梦也彻底破灭了，取而代之的是强烈的欺骗感、失望感，这完全是一个心理素质不够健全的青年人难以承受的。

我相信会存在一部分人，他们认为我对相关教育制度的批判，严重脱离了群体心理学的主题而且相对片面化。但是如果我们想厘清那些如今正在大众中酝酿、明天即将付诸行动的各种想法和信念产生的源头，以及那些丑化的大众头脑究竟是如何在当前制度氛围内培养出来的，甚至是冷漠而中立的大众是如何摇身变为一支愤懑的大军，而后随时做好顺服一切乌托邦分子和巧言善变的暗示的，我们就必须“饮水思源”。至少在改善或恶化大众的头脑方面，不可否认的是，教育的作用的确占有一定分量。

如果还看不清教育制度的荒谬，放纵我们的学校持续培养出一批又一批的狂热暴徒、无知庸众，可想而知，不远的未来，为我们的民族走向衰败铺路搭桥的，正是我们的教室。

第二章　群体信仰和观点中的直接因素

五大直接因素

群体心理的一种特定属性归功于间接因素，这种催生的特定属性使某些感情和观念得以发展。现在研究一下完成最后工作、对群体心理造成最后一击的直接因素，这些因素包括：形象、词语、会话、幻觉、经验和理性。

本书的第一部分已经研究过集体的感情、观念和推理方式，依据这些相关的结论，我们可以从影响他们心理的方法中总结出部分普遍化原理。我们已经认识到刺激群体想象力的因素，也了解了暗示的传染过程，尤其是那些通过形象传达出的暗示力量以及它的相关传染过程。但又正如暗示的源头纷繁复杂一般，群体心理各方面也是如出一辙，进而分别研究的必要性和关键性完全不可小觑。

狮身人面兽——斯芬克斯，是古希腊的一部神话，几度传扬它曾盘踞在道路上，向过路的行人问一个谜语：什么动物早上四条腿走路，中午两条腿走路而晚上三条腿走路？谜底是“人”。早上、中午、晚上分别对应人的幼年、中年和老年。群体和斯芬克斯一样，我们必须给它的心理学问题提供一个答案，否则我们就会被它毁掉。

形象、词语和套话

在研究群体的想象力的时候，我已经看到群体特别容易被形象产生的印象所左右，但并非时刻都存在鲜明的形象。在尚未建立形象的时候，可以利用一些词语或套话，巧妙地激活民众心中的鲜明形象。

1718年的苏格兰，对巫术的错误理解在大部分地区都已经被根除，但在开斯尼斯的偏僻小镇里，竟然依旧有人坚持这些愚昧无知的观念。

有一个很讨厌猫的木匠，由于猫总是聚集在他的后院，木匠对此百思不得其解：为什么他总是被骚扰？最后得出结论：折磨他的并不是这只猫，而是女巫。其他的女仆也表示：自己亲耳听见那些聚集在后院的猫都是用人话在进行交流。

有一天，木匠趁这些猫又聚集在后院时，义愤填膺地冲出去砍杀它们，猫群不得不四散逃命，其中一只猫背部受了伤，一只猫屁股上挨了一刀，还有一只猫的腿部受了伤。几天后，有两名老妇去世，人们惊奇地发现其中一位的背部有伤，另一位臀部竟有新疤痕。木匠和女仆兴高采烈地认为她们就是那些受伤的猫。

后来很多人都加入了搜寻女巫的队伍。一个老太婆由于腿被摔断而引起了人们的注意，向来面目可憎的她，看起来十分像女巫。大家不约而同地指控她就是那第三只母猫，于是大家把老太婆从床上拉起来囚禁到监狱，第二天，这个在监狱里的老太婆就被活活折磨死了。

艺术化处理之后的词语总是具有神奇的力量，不但能掀起群体心中的惊涛骇浪，还能平息诸多的大小风暴。纵观历史，仅仅用那些因各种词语和套话而死去的人的尸骨，就完全足够建造一座比古老的齐奥普斯（指古埃及人为胡夫法老建造的金字塔）更高的金字塔。

词语的威力与其唤醒的形象密切相关，但是这却未必是其真实存在的含义。

语言的作用尚且不止于此。除了可以诱发其他形象之外，有些词语本身就具备着某种形象的缩影，是特定形象的代表。词语越是不明确，它的影响也会越大。大众往往会把自己潜意识中的希望，寄托在几个似是而非的词语中，如民主、社会主义、平等、自由等，这些词语定位极其模糊，即便是一大堆专著也搞不清它的真正含义。但也不要小看它的力量，这区区几个词语却蕴涵着神奇的威力，这些就是所谓解决一切问题的灵丹妙药。各种极不相同的潜意识中的抱负及其实现的希望，往往都被这些词语集于一身。

推理与论证无法战胜某些词语和套话。倘若套话和群体一起隆重登场，那么这些词语的出现，便会让人们不由自主地俯首而立，肃然起敬。这些词语所塑造的宏伟壮丽的幻象，使得大众奉它为自然的力量，甚至是超自然的力量。也正是这含糊不清的特质，使它们拥有了神秘的力量。它们就是隐匿圣坛背后的神灵，信众只能诚惶诚恐地俯首帖耳、顶礼膜拜。

虽然诸如此类的形象因时代和民族而异，但套话亘古不变，那些和暂时性形象相互联系的特定词语，正是唤醒形象的开关。

当然也并非所有的词语和套话都具有唤醒形象的能力，一些在特定时间内拥有力量的词语，在使用过程中，大众对其反应会逐渐迟钝，直到它们完全沦为一句空话为止，免去思考的烦琐才是套话真正的作用。我们可以用青年时代的少量套话和生活常识进行自我武装，也可以拥有应付生活所需的一切，我们可以轻松思考，轻松生活。

只要探究过某种具体的语言，你会发现那些变化频率极慢的词语，它们所唤起的形象和它们被赋予的定义时刻都在变化。我也在另一本书中说过，绝对不可能准确地翻译某种语言，尤其是那些已经死亡的语言。当我们试图用母语来取代一句拉丁语、希腊语或《圣经》里的语句，或是阅读那些历史悠久的经典古籍（即便母语所写）时，我们实际上在做什么呢？我们也不过是在用现代生活持续性地赋予词语新形象和新观念，以图取代旧时代的形象和观念，要知道它们是古代先祖头脑中的产物，他们与我们的生活状态毫无相似之处。大革命时期，人们自认为自己是在模仿古希腊和古罗马人，然而除了赋予古代词语新的含义之外，他们还能做些什么呢？

词语所唤起的形象往往与它们的实际含义关系不大。我们翻看历史后，便可发现这些热门词汇的意义早已发生变化。

比如"共和"这个词来源于古希腊人，古希腊人的共和国代表着贵族统治的制度，这是由拥有共同政治目的的暴君统治着一大群绝对顺服的奴隶的时代。由此可见，所谓的共和也只是贵族们的共和，它建立在对大众的奴役之上，倘若奴隶制不存在，这种所谓的“共和”也就不复存在。

“自由”这个词也诞生于古希腊，然而百姓从来没有享受过思想上的自由。谁也不敢讨论城邦的诸神、法典和习俗，因为路人皆知，这是滔天大罪！

对古希腊的雅典人或斯巴达人来说，他们的崇拜致使雅典城和斯巴达城——他们完全拒绝承认互为同胞——彼此连年征战。滑稽的是古希腊从未得到统一，但却创造出了“祖国”这个莫须有的词汇。西欧地区许多彼此敌视的部落和种族，它们组成了高卢，纵然彼此的语言和宗教不同，但是恺撒却能够轻易征服他们，从中找到盟友，这就是恺撒成功的基石。

之所以能缔造一个高卢人国家，就是因为罗马人统一了这个国家的政治和宗教。

不必舍近求远，就拿16世纪前的事来说吧，法国人对“祖国”的理解与波旁王朝时期发动叛乱的贵族大孔代（他勾结敌国意图篡位）相同吗？词固然还是那个词。过去法国保皇党人跑到外国，他们认为自己反对法国是在恪守气节，因为封建制度的法律不是把土地联系在一起，而是把诸侯同主子联系在一起，因此有君主在，才会有祖国在。“祖国”对于他们的意义，与现代人截然不同。

词语含义顺时而变，这种现象比比皆是。历代的政治家都颇为精通这个潜规则：若想真正地用词语去影响群体，我们就必须搞清楚特定词语在特定时期被赋予的具体含义，而不是张冠李戴式的运用。

对词语，我们的理解远比我们想象得要浅薄的多。曾经有人表示，若想正确理解“国王”和“王室”这类词语对我们曾祖父一辈的真正意味，你就必须要做大量的研究工作。若又碰到更为复杂的概念，那么诸多的意外情况便可想而知。

假如政治动荡或信仰变化，它们促使群体对某些词语唤起的形象深恶痛绝，但又无法改变，这时候最好是让这些词汇“改头换面”。法国历史学家托克维尔[30]很早以前就指出，用新的名称把诸多过去的制度重新进行包装便是执政府和帝国的具体工作。比如说，在大革命之后，执政府把令人生厌的“地租”变成了“土地税”，“盐赋”换成了“盐税”，过去的“徭役”改成了“间接摊派”，而商号与店铺的税款，也被起了个新名字叫做“执照税”等。

用新名词取代那些在大众心中形象不佳的旧名称，目的就是利用这层新鲜感有效地去防止或缓解群众的排斥感。对流行用语，或民众早已无法容忍的词汇保持警觉，这是政治家最基本的任务之一。名称的威力足够强大，如果选择得当，它能使

30 托克维尔（1805—1859），法国历史学家、社会学家。主要代表作有《论美国的民主》第一卷、《论美国的民主》第二卷、《旧制度与大革命》。他出身贵族世家，经历过五个“朝代”（法兰西第一帝国、波旁复辟王朝、七月王朝、法兰西第二共和国、法兰西第二帝国）。前期他热心于政治，1838年出任众议院议员，1848年二月革命后参与制订第二共和国宪法，1849年一度出任外交部长。1851年路易•拿破仑•波拿巴建立第二帝国，托克维尔对政治日益失望，从政治舞台上逐渐淡出，并逐渐认识到自己“擅长思想胜于行动”。

最可恶的事情“洗心革面”，变得更为大众所接受。

史学家泰纳说，大革命风潮中的雅各宾党人，他们就是利用了“自由”和“博爱”这样的流行说法，不但建立起了堪与达荷美[31]媲美的暴政，建立起和宗教法庭相似的审判台，还干出如古墨西哥人般野蛮凶残的反人类大屠杀。统治者和律师的辩护艺术一样，是一门驾驭辞藻的学问。这门艺术遇到的最大困难之一，就是同一个词语对不同的社会阶层具有不同的含义，所以避免“貌合神离”的假象更是当务之急。

如果再考虑到种族因素，即使时间使词意发生变化，我们也会看到，在同一个时期，教养相同但种族不同的人中间，相同的词也经常会意味着不同的观念，比如使用频繁的“民主”一词。

对拉丁民族和盎格鲁-撒克逊民族来说，民主就意味着个人意志和自主权要服从于国家所代表的社会意志和自主权。代表了民众的国家要支配一切，控制一切，要集中权力，要垄断并制造一切，所以无论你是激进派，还是社会主义者，或者是铁杆的保皇派，一切党派都得服从国家。

在美国人看来，民主是个人意志的强有力发展，这种发展可以超越一切，国家要尽可能鼓励这种发展，所以除了政策、军队和外交关系外，它不能支配任何事情，甚至公共教育也不例外。

同样的一个词，在一个民族中代表个人服从国家，在另一个民族却是指国家对个人的彻底服从。

31 达荷美王国，是西非埃维族的一支阿贾人于17世纪建立的封建国家。国家全名为“达恩·荷美·胡埃贝格”，意思是“建在达恩肚子上的国家”，简称“达荷美”。1899年为法国所灭。

幻觉——希望和幻想

群体自人类文明产生以来，便处于幻觉的影响之下。最早的幻觉，来自人类对自然的敬畏，他们捏造出神灵，开始崇拜偶像，沉迷在幻觉里。他们为制造幻觉的人建庙塑像并且设立祭坛。随着社会的进步，人们不再轻易相信神灵，而是把注意力集中到人文科学上，形成无数种世界观、人生观、价值观，哲学大行其道，这无疑是缔造了新的幻觉。

但无论是过去的宗教幻觉还是现在的哲学、社会类幻觉，都拥有着至高无上、坚不可摧的力量，在我们这个星球上不断发展的任何文明的灵魂中都可以找到它们的身影。古代巴比伦和埃及的神庙、中世纪的宗教建筑，都是为它们而建；18 世纪以前震撼全欧洲的那场大动荡，也是为它们而发动；由此可见我们的所有政治、艺术和社会学说，全都难逃它们强有力的影响。人类都天真地以为可怕的动乱能够消除这些幻觉，却不知道幻觉会在短暂的沉寂后，死而复生。因为幻觉，人类成功地走出了自己原始的野蛮状态；因为幻觉，人类也会很快又回到最初的野蛮状态。虽然幻觉不过是无形的幻影，但也正是这些幻影，使各个民族创造出了辉煌壮丽、值得夸耀的艺术和伟大文明。

如果我们烧毁博物馆和图书馆，推倒雕像，把因宗教鼓舞而创作的艺术品统统毁灭，那么人类伟大的梦想又能留下什么呢？人类必须怀抱希望和幻想才能更好地活下去，这就是诸神、英雄和诗人得以存在的主要原因。科学曾在19世纪中叶承担此任务，但在渴望理想的心灵里，科学毕竟是有所欠缺的，因为科学既不敢做出慷慨的承诺，也无法像幻想一样肆意撒谎。

19世纪的哲学家致力于破坏大众群体对宗教、政治和社会的幻想，他们完全忽略了——我们的祖先正是在这些幻想中，才生活了这么多个世纪。倘若毁灭了人们对来世幸福的幻想，让大众的希望都灰飞烟灭，这便也意味着终结了人民的安守本分。幻想被扼杀之后，大众群体就茫然无知地去面对无声无息的自然力量。然而这种自然力量，是不可抗力，它从来都不会对软弱、慈悲、正义的人有任何同情或偏爱；对残忍、自私、贪婪的人，它也不会有任何歧视或惩罚——它始终对任何人都无动于衷。无论哲学的进步有多大，迄今为止也从来没有真正可以让人民群众为之着迷的理想，这恰恰与大众的本能不相符，其实无论付出多大的代价，大众都需要自己的幻想，面对那些刺激幻觉的夸张承诺，他们就会飞蛾扑火般本能地转向那些迎合他们需要的巧言令色者。

真理绝对不是推动各个民族进化的主要动力，谬误才是。之所以自由民主主义广受欢迎，就是因为它那具有活力的最后幻想。尽管它的荒谬证据确凿，但它依然继续发展。它的鼓吹者大多都是那些非常无视现实、敢于向人类承诺幸福的人。

由于大众从来就没有渴望过真理，纵然证据不称心使得他们纷纷拂袖而去。假如谬论对他们有诱惑力，他们就会更愿意崇拜谬论。凡是那些能够成功地向他们兜售幻觉的人，都会很容易地成为他们的主人，凡是让他们幻想破灭的，都会沦落为他们的仇敌。

真理传播的唯一手段

经验是在大众心中可以生根发芽的唯一传播手段，同时也是让过于危险的幻想破灭的最终武器。为了检验真理，摧毁危险幻想，经验必须要日积月累且操作性极强。

一代人的经验并不一定适用于下一代人。相关历史事实不能再次被当做证据引用的原因也就在这里。它们只是证明了：一种广泛的经验即使仅仅想成功地动摇，或是压制那些根植于民众头脑中的错误观点，都需要代代反复出现。

毋庸置疑，史学家会把19 世纪及更早一段时期视为一个充斥着奇特经验的时代——诸多实验在曾经的任何时代都没有实践过。

法国大革命当之无愧地被称为最宏伟的试验。社会改革需要遵照纯粹理性的指导，如果没有纯粹理性的指导，而只是全然革新，这就必然会导致数百万人死于非命。欧洲陷入长达20年的剧烈动荡的史实，就是在向我们证明，独裁者会让拥戴他们的民族损失惨重。仅仅这一个例子，似乎还不足以证明我的观点，这需要在半个世纪内来上两次破坏性的试验。法国人民为第一次试验付出了300万人性命的代价，最终导致国力衰微，惨遭敌国入侵。第二次试验是法国人民拥戴的拿破仑三世，结果常备军的必要性却通过割让领土来证明。

尽管试验结果证明我的论点确凿无误，个人感觉仍然不具有说服力。似乎的确还需要上演第三次试验，纵然发生的时间还无法预知或说是遥遥无期。

19世纪中叶前，法国人民把庞大的德国军队单纯地视为一支无害的国民卫队。让他们意识到这是个天大的谬误，就必须上演一场让法国损失惨重的法德战争。贸易保护会毁掉实行贸易保护制度的民族，但若希望大众群体认识到这一点，则至少需要20年的灾难性结果。这种例子不胜枚举，在蒙古铁骑统治下的中国，那个东方民族为此付出的代价更是让人震撼。

失效的逻辑定律

如果不是为了指出消极的影响，根本不必把理性视作产生群众心理影响的因素。

前文已经证明，群体大多不受推理影响，他们只理解由形象拼凑起来的观念。那些影响群体的演说家，他们借助的都不是他们的理性，而是感情。逻辑定律对群体不起任何作用，这足可以追溯到巴黎被围困的时期。

有一天，一名将军被愤怒的大众押到当时的政府驻地，他们怀疑这个将军把设防计划卖给了普鲁士人。这个关键时刻出现了一位善于演说的政府官员，他斥责那些要求立刻处死这名将军的人。他没有指出暴动指挥者的荒唐，这说明这个官员自身也是个十足的自我防卫者。他仅仅说了一句："正义铁面无私，你们的这些请求交给政府解决吧，在政府未下决定之前，我们会把他关在看守森严的监狱里。"于是，人们的愤怒平息了，心满意足地四散离去，这名将军在人群散后十几分钟，便回到了自己的家。试想如果演讲者试图用逻辑定律或确凿的证据来对付盛怒的大众，恐怕就会泥菩萨过江自身难保，更不用谈解救人民公敌了。

你想要让大众相信什么，就必须得搞清楚是什么让他们变得如此兴奋的，然后假装自己和大众一样，必要时还得用极端的行为更好地表现自己对这类感情的狂热，或者再打一套低级组合拳，最后用那些非常著名的暗示性概念去改变他们的看法，比如捏造场景、追忆往昔、憧憬未来等。只有这样才能够成功地引导大众回到他们最初提出的观点中，慢慢达到激起特殊感情的目的。

这样还远远不够，演说者还得密切关注讲话的效果与大众的情绪变化，然后不断调整自己的措辞，让群体把感情更倾向于自己的需求。

这也证明演讲完全不可能事先进行准备和研究。事先准备好的演讲，演讲者只是遵循自己的思路而非听众的思路，仅仅这一事实，就注定他的演讲必然失败。

讲究逻辑的人，惯性地相信那些系列式的严密论证步骤，因此，他们向群众讲话时，也总希望用缜密的逻辑来引导听众，或是用严谨的推理来牵制听众，可是在现实中偏偏群体对此完全无视，也难怪他们会时常百思不得其解。

一位逻辑学家写道："建立在三段论之上的推理公式，得出的数学结论是唯一正确的答案，不可能有任何其他答案，由于有这种绝对的正确性。即使是无机物，只要它能演算这一组公式，也必然能接收到正确的答案。"纵然有道理，但是群体也并非就比无机物更聪明，所以你不可能指望他们遵守这种推理，毕竟他们甚至连理解推理的能力都没有。

如果你尝试用推理来说服原始人，你便会知道推理是多么的无用。即使是应对那些几百年前的宗教狂，理性也是丝毫抵挡不过大众感情。

与感情的力量相比，理性显得过于苍白无力。让理性与感情对抗，就完全无异于以卵击石。当然我们其实也不必如此降低智力来理解这二者力量的悬殊问题。简单来说，我们只需要稍微回顾一下历史，便能知道在几百年前，不具备最简单逻辑性的宗教迷信的生命是多么的顽强！在长达两千年的时间里，最理性的智者也不得不在宗教感情面前俯首称臣。只是到了现代，宗教的真实性才遇到了一些挑战。中世纪和文艺复兴时代也有不少开明之士，但从来没有人通过理性思考来认识自己幼稚的迷信问题，更没有人会去怀疑魔鬼的罪行，怀疑烧死巫师的必要性。

我们无须对此表示遗憾，因为群体从来都不受理性的指引。

毋庸置疑，幻觉是支配我们无意识力量的产物，相对推进人类文明进程来说，这些幻觉非常必要。正是幻觉引发的激情、痴迷和狂热激励着人类走上文明之路。

每个种族的精神成分都会携带着这个种族的命运定律，而且受制于一股难以抑制的莫名冲动。所以，种族只能服从这些定律，即使这些定律极不合理。每个民族都受自身的神秘力量所左右，这种力量类似于橡果长成橡树或是彗星在自己轨道上运行的力量一样。

如果要认识这种力量，就必须要研究这个民族的整个进化过程，而不是研究那些不时出现的相关孤立事实。如果人们只是孤立地、片面地考察历史事件，历史肯定就会变成一连串不可能的偶然性结果。比如说我们的救世主，如果不是有犹太民族的坚信，耶稣也不可能由一个木匠之子，变成这个影响人类两千多年的全能神，更不可能使得欧洲文明以他为基础形成。

假如不是阿拉伯民族有着无与伦比的虔诚，伊斯兰教何以建立？几个从沙漠里冒出来的阿拉伯人，也不可能征服希腊、罗马世界的大部分地区，最后建立一个比马其顿王国的领土还要强大的国家。倘若没有法兰西民族对民主与自由的信奉，以拿破仑一个区区的炮兵中尉，又如何能在等级森严的制度下，征服几乎全欧洲的民族与国王？

我们还是把理性留给哲学家吧，不要强烈地坚持让理性插手任何统治。一切文明的主要创造力并不是理性，尽管理性一直存在，但文明的动力仍然是各种感情的综合运转——如尊严、舍己为人、宗教信仰、爱国主义以及对荣誉的热爱。

第三章　群体的从众与领袖的说服手法

偏执狂领袖

了解了群体的精神结构后，就会明白什么力量能对他们的头脑产生影响。接下来要讨论的是这些力量如何发挥作用，又是什么人能有效地把这些力量转变成实际的行为。

有群体的地方，就有领袖，一切生物的本能中都有对被统治的需求，无论群体成员是人还是动物，也不管他们为何相聚，只要他们组成了群体，必然就会诞生头领，这个头领便是领袖。有的头领不过是个小头目或煽风点火的人而已，但即使如此，头领的作用依旧非常重要。

头领的信念帮助群体形成观点，然后将观点达成一致。领袖是核心，是各色人等形成组织的第一要素。他是为大众分成派别铺平道路的功臣，假如没有这个人，一群人便会如失去了头羊的羊群，六神无主又无所适从。领袖们可以凝聚各种精神力量，然后把它有效地转变成实践的力量，尽管这种力量可能意味着破坏、杀戮，甚至毁灭。

现在，我们进行新的研究，看一看这个对群体至关重要的人，究竟是如何产生的，他又有着怎样的特征以及这些特征是如何发挥作用的。

领袖在最初时混杂在芸芸众生之间，也是被领导者中的一员，并没有什么特别之处。他本人也时常会被个别观念迷惑，并对这些观念十分痴迷，成为这些观念的信徒。除此之外，其他事情都无足轻重了。他眼里那些与他信念相反的意见，不是谬论就是迷信，他坠入了对某个信念的极端狂热信仰中。然而群体偏偏最喜欢接受极端的情绪，当他赢得了大多数人的拥戴时，也就顺理成章地获得了领袖地位，正是热爱偏执的群体造就了他们自己的领袖。

在这方面，罗伯斯庇尔就是个很好的例子。法国大革命中的雅各宾派政府首脑罗伯斯庇尔在学习了一些哲学知识后，对卢梭的哲学观念神魂颠倒。他一心想把祖国打造成那纯洁无瑕的乌托邦，狂热的使命感使他无法容忍任何对现实所产生的妥协，容不下任何道德上的污点。无论谁阻碍了他的崇高目标，对方就只会死路一条，真可谓顺者昌，逆者亡。罗伯斯庇尔为达到目的，他的手段之残忍连宗教法庭都自愧不如。

我们会习惯性地把风光的领袖当做深刻的思想家，事实上，他们顶多只是实干家而已。他们其实并没有敏锐的头脑、深谋远虑的天赋，他们也不可能具备这些品质——这会让人优柔寡断。反倒是在那些神经失调、兴奋过度、半癫半狂甚至快成为疯子的人中间，特别容易产生领袖。信仰令他们意志坚定不移，感情狂热——这无疑是最受大众欢迎的。他们知道芸芸众生都会服从意志坚强的人，他们更知道如何才能迫使群体接受自己的看法。成群的人会完全丧失自己的意志，本能地投靠那些具备他们所不具备的品质的人。

领袖们坚持的观念或追求的目标无论多么荒诞，只要他们保持着坚定的信念，就能使任何理性思维在他们面前失色。别人的轻蔑和保留态度无疑只会让他们更加兴奋。他们会毫不犹豫地牺牲自己的利益和家庭，甚至痴狂到牺牲自己的生命。因为狂热，他们的自我保护欲望消失得无影无踪，他们孜孜追求的只是为信念而奋斗，哪怕舍生取义也在所不惜。完全丧失了自我意识而聚集成群的人，便成为受本能支配的低能弱智机体，于是毫不迟疑地臣服于那个拥有独特品质的领袖。

每个民族都不缺乏领袖，但并非所有领袖都是狂热的疯子。

在各个群体的领袖之中，相当一部分也并不是狂信者，他们也没有被那种强烈信念所激励。这些领袖巧言令色只追求私利，他们善于用无耻的本能来说服广大民众。我们可以把这类领袖归到野心家的队伍中去。野心家可以利用他们的手腕，在群体中产生巨大的影响，由于他们只是受野心和私欲的驱使，所以只能奏效一时。

凡是能够打动群众灵魂的人，无不有着狂热的信仰。诸如隐士彼得、萨伏那洛拉、马丁·路德等。

1095年，十字军在众多领袖的领导下向圣地进军，在所有的宗教领导者之中，最显赫的是“隐士彼得”。他又老又矮、肤色黝黑，不吃面包和肉，只吃鱼，赤脚行走，衣衫褴褛。就这样一个外表卑微的人，却能用几句话就激励众多人为之效命。此前几年，他曾经试图到耶路撒冷朝圣，但受到了土耳其人的虐待，在他回到欧洲之后，就成了火急火燎地只为报仇、收复圣地的顽固分子。

带领德国农民焚烧教会法典的马丁·路德，在一次回家的路上，他遇到了暴风雨，在电闪雷鸣中他被击中了，他认为这是上天要制裁自己，心中惊恐万分，虔诚哀求神灵饶命，并起誓愿意进入修道院来报答诸神的恩泽。从此，这个人便把他的一生都献给了教会。

1496年，意大利信仰“上帝之城”的萨伏那洛拉，他试图多次煽动信徒闹事，但教皇试图用一顶红衣主教的红帽子来招安萨伏那洛拉，萨伏那洛拉傲慢地表示，他只希望得到一顶“用血染红的”帽子。

第二年，这位宗教狂煽动佛罗伦萨的人民革命，将美第奇家族[32]彻底颠覆，随后在德拉西尼奥列广场上，烧毁了自己所

32 美第奇家族是意大利佛罗伦萨著名家族。最主要代表人物为科西莫·美第奇和洛伦佐·美第奇。

厌恶的一切，包括但丁[33]的著作，奥维德[34]、薄伽丘[35]、彼特拉克[36]的诗歌，古希腊哲学家的书籍，西塞罗[37]的历史作品以及大量珍贵的绘画作品、雕塑，连乐器也不幸被销毁。在火焰升腾之时，他还带领群众高唱拉丁文圣歌，以表示对上帝的虔诚。

他们和法国大革命中的大人物一样，都是在自己被各种信条搞得想入非非之后，再引导别人也想入非非。只有这样才能在自己信众的灵魂中唤醒那坚不可摧的力量，这就是信仰。

---

33 阿利盖利•但丁（1265—1321），意大利诗人，现代意大利语的奠基者，欧洲文艺复兴时代的开拓人物之一，以长诗《神曲》留名后世。恩格斯评价他说："封建的中世纪的终结和现代资本主义纪元的开端，是以一位大人物为标志的，这位人物就是意大利人但丁，他是中世纪的最后一位诗人，同时又是新时代的最初一位诗人"。

34 奥维德（公元前43—18年），古罗马最具影响力的诗人之一。生于罗马附近的苏尔莫，卒于黑海边的托弥。年轻时在罗马学习修辞，对诗歌充满兴趣。曾结过三次婚，第三个妻子出身名门，使他有机会进入上层社会，结交皇家诗人。著有《爱的艺术》，描写爱的技巧，传授引诱及私通之术，与奥古斯都推行的道德改革政策发生冲突，于是被流放到托弥，10年后诗人忧郁而死。

35 乔万尼•薄伽丘（1313—1375），一译卜伽丘，意大利文艺复兴运动的杰出代表，人文主义者。代表作《十日谈》批判宗教守旧思想，主张"幸福在人间"，被视为文艺复兴的宣言。其与但丁、彼特拉克合称"文学三杰"。

36 弗朗西斯克•彼特拉克（1304—1374），意大利学者，诗人，早期的人文主义者，被认为是"人文主义之父"。他以其14行诗著称于世，为欧洲抒情诗的发展开辟了道路，后世人尊他为"诗圣"。

37 马库斯•图留斯•西塞罗（公元前106—前43），古罗马著名政治家、演说家、雄辩家、法学家和哲学家。出身于古罗马的奴隶主骑士家庭，以善于雄辩而成为罗马政治舞台的显要人物。从事过律师工作，后进入政界。初始时期倾向平民派，以后成为贵族派。公元前63年当选为执政官，在后三头政治联盟成立后被三头之一的政敌马克•安东尼派人杀害于福尔米亚。

在人类所能支配的一切力量中，信仰的力量最为惊人，一个有了信仰的人，他的力量就不止强大10倍。信仰，能让一个人完全受梦想奴役，能让一个仁慈宽厚的人冷酷无情，能让最吝啬的守财奴倾家荡产，也能让温良的人民干出杀人放火的残暴勾当。

无论信仰是宗教的、政治的，还是社会的，也无论这信仰的对象是一本书、一个人，还是一种观念，要想让信仰建立并掀起蛊惑人心的狂潮，就离不开人群中那位伟大领袖的作用。

重大的历史事件一直都是由那些默默无闻的信徒所引发，这些人除了自己认可的信仰外，什么也不知晓。无论是传遍全球的伟大宗教，还是半球式扩张的帝国，它们的成功都不是学者或哲学家的功劳，更不是怀疑论者的功劳，而是那些信徒对信念执着而狂热的感情的功劳。

1618年5月23日，布拉格王宫充斥着骚乱的百姓，他们从王宫的窗口把几个皇家官吏扔了出去，也正是这次“掷出窗外事件”，引发了一场长达30年的战争，让德国人民陷入水深火热之中。

这次事件中，我们关注的是那些为数不多的伟大领袖人物，他们构成了一个连续体的顶峰。上面是些权势显赫的主子，下面则是那些奋力挣扎的人群，在烟雾缭绕的小酒馆里，他们不停地向自己同胞的耳朵里灌输着自己的革命理念，奴化他们的心智。相关话语的涵义，他们自己也都很少理解，但是他们声称只要追随他们，并将其信条付诸行动，就一定会将一切希望和梦想实现。

无论在哪个社会领域，也无论身份高贵还是低贱，只要你脱离独立状态，立刻就会处于某个领袖的影响之下。大多数人，尤其是百姓中的人们，除了自己熟悉的行业之外，对任何问题都没有相对合理的想法。领袖的作用就是为他们引路。当然，定期出版物也能起到这些作用，纵然往往效果不佳，但它最大的用处就是制造有利于大众领袖的舆论，向他们提供现成的套话，使他们不必再为编造演说词瞎操心。

大众领袖有着非常专制的权威，这种专制正是他们令大众服从的条件。在无数的罢工运动中我们发现，领袖的权威不需要任何后盾，就能轻易使工人阶级中最暴戾的人俯首帖耳。领袖不仅规定工时和工资比例，也发出罢工命令。连罢工开始和结束的时间，也完全取决于他们。

政府因为软弱与妥协变得越发的没有力量。一些领袖和鼓动家正日益倾向于攫取政府的位置，他们企图用自己的权威和信条，来逐步取代国家的威信与法规。这些暴政带来的后果是，大众服从他们必然要比服从政府温顺虔诚得多。但是如果因为某种变故，领袖从舞台上消失，那么群体也会回到当初那群龙无首的状态。

有一次，巴黎公共马车的雇员在罢工，政府尝试了各种办法也没能平息骚乱，但是在逮捕了两个指挥领袖后，这场罢工便戛然而止。领袖能够拥有如此强大的权威，完全取决于群体的奴性心态。占据群体灵魂上风的，并不是对自由的要求，而是骨子里需要安全感的奴性！不管谁自称是他们的主子，他们都会本能地表示臣服。

这些首领和煽动家大致可分为两类。第一类领袖充满活力，这类领袖通常勇猛无比，他们在突然的暴动中带领群众冒死犯难，让新兵一夜之间变成英雄，在这些事情中，他们大显风采。

内伊元帅[38]就是这类人，连拿破仑都由衷地钦佩他。在1815年的滑铁卢战役里，当时手下只有五万名毫无经验的新兵的他，就全然奉命指挥法军左翼对抗威灵顿公爵率领的英军。这位元帅对新兵谆谆教诲，要求士兵们奋勇作战，由于他的以身作则，官兵士气大振，顶住了英军潮水般的进攻。

意大利统一战争中的加里波第[39]也属于这类人物，他并无所长，却是个精力充沛的冒险家，他带领一批由渔夫、水手、矿工、木匠组成的群体，成功地拿下了古老的那不勒斯王国，尽管后者拥有一支纪律严明、装备精良的庞大军队。

尽管这类领袖的活力是一种应该重视的力量，但往往不能持久，很难持续性发挥作用。这些英雄回到日常生活中时，就会暴露出最惊人的性格弱点。纵然他们领导别人时风姿飒爽，但他们自己却不能自由支配个人思想和行为，哪怕是在最简单

---

38 米歇尔•内伊（1769—1815），在1807年2月8日的艾劳战役中，内伊的第六军担任警戒，监视右翼的普鲁士军队。在3—5月，他坚守古特施塔特一线，顶住了五倍于己的奥军的强大攻势。在6月14日的弗里德兰战役中，内伊担任右翼。当接到拿破仑一世“跑步前进！迅速拿下该城并控制城后的桥梁”的命令后，内伊于下午5时15分以难以置信的凶猛发起了强攻。第六军以弗里德兰镇中教堂的尖顶为目标，勇猛地冲向敌人，把惊慌失措的俄军挤压到了三面环水的口袋里，虽然俄军困兽犹斗，逐街逐屋地死拼，但法军更胜一筹，最终完胜。

39 加里波第朱塞佩•加里波第（1807—1882），是个意大利爱国志士及军人。他献身于意大利统一运动，亲自领导了许多军事战役，是意大利建国三杰之一（另两位是撒丁王国的首相加富尔和创立青年意大利党的马志尼）。而由于在南美洲及欧洲对军事冒险的贡献，他也赢得了“两个世界的英雄”的美称。

的环境中他们也做不到。

这样的领袖，他们也会受他人领导并不断地受到相应的刺激，总会有某个人或观念在指引着他们，总会存在明确划定的行动路线可供他们遵循，不然他们也无法更好地发挥自己的作用。

和第一类领袖相比，第二类领袖的意志力更加持久。尽管不够光彩夺目，但他们的影响力却要大很多。这些人当中，常常可以找到各种宗教和伟业的真正奠基人，比如圣保罗[40]、哥伦布[41]和雷赛布[42]等。

第二类领袖身上所具有的持久的意志力，非常罕见。我们坚信这是极为强大的品质，它足以征服一切。至于强大而持久的意志究竟能够成就什么，无人可以准确界定。对这类领袖而言，没有任何力量能阻挡他们的步伐，无论人、自然还是上帝。

40 圣保罗（3—67），耶稣十三门徒之一，又译作圣保禄，《圣经》中的人物，亦称为使徒保罗。信主后改名为保罗，称圣是因为天主教廷将他封圣，但新教则通常称他为使徒保罗。

41 哥伦布（1451—1506），意大利航海家，先后4次出海远航，发现了美洲大陆，开辟了横渡大西洋到美洲的航路，证明了大地球形说的正确性。促进了旧大陆与新大陆的联系。

42 斐迪南•德•雷赛布（1825—1893），法国外交官，驻亚历山大港的副领事，1833年雷赛布来到开罗任职，萌生了开凿苏伊士运河的念头。1854年，巴夏同意由雷赛布来主持苏伊士运河工程。1869年完成工程。雷赛布由此名利双收。1884年他被选为法兰西学院院士。后来，年过古稀的雷赛布被任命为巴拿马运河公司总经理，这也注定了雷赛布无法保住晚节。工程从一开始就困难重重，后来公司破产，法国为此付出20亿法郎的代价，许多法国投资人血本无归，巴拿马运河工程遂成丑闻。1893年，雷赛布郁郁而终。

关于强大而持久的意志能够造成什么结果，来自法国的雷赛布为我们提供了一个最新的例子。

1854年，雷赛布从埃及人手中取得了开凿苏伊士运河的权利，在10年的时间里，他将这条运河凿通，成为了第一个把大陆分成两半的人，然而他所成就的事业，在过去的三千年时间里，即使是那些最伟大的统治者也不能及。后来，由于他年事已高败在巴拿马运河的开凿上，使得我们不得不承认包括意志在内的一切事物，都会在衰老面前屈服。

雷赛布越挫越勇，他把不可能变成了可能，当他在遭遇强烈反对、诸多逆境和惨淡失败时，他都丝毫没有灰心丧气。

英国人打击他，法国人与埃及人犹豫不决。在工程初期，法国领事馆居然也公然反对他，有人试图拒绝供应饮用水，这使他的工人无水可用，最后“溃不成军”。包括当时的海军部长和工程师在内，所有经验丰富、受过科学训练并且有责任心的人员，全都变成了他的敌人。

他们都站在科学立场上，断定灾难就在眼前，预言它正在逼近，并且缜密计算出它发生的具体时日，甚至还如同预测日食一样言之凿凿。然而一位真正的领袖，不是只靠信仰与技巧就足够的，这也正是人类历史上野心家与宗教狂居多，而真正的伟大领袖却很少的原因。

所有这些涉及伟大领袖生平的书，不可能罗列出所有人的名字来，但这些名字却与文明史上最重大的事件永久紧密相连。他们或是聪明，或是心胸狭隘，这都无关紧要，重要的是——世界是属于他们的。

领袖手段：断言、重复和传染

短时间内，如果领袖想迅速激发出群体的热情，唆使他们不计后果地付诸行动，譬如抢劫宫殿、守卫要塞阵地，就必须有能力让群体对暗示做出迅速反应，效果最好的就是榜样的力量。

每个领袖都有自己独特的动员手段，当这些领袖打算用观念和信念——例如利用现代的各种社会学说来影响群体时，其中有三种手段最为重要且明确，即断言法、重复法和传染法。这些手段的效果或许比不上榜样的力量，然而一旦生效，却可以拥有持久的效果。

断言：简洁有力，无视任何推理和证据。越是简单明了的断言，证据和证明也就越贫乏，这时才更有威力。话说得越是坚决、狂妄，那些狂热的民众就越发地崇拜。一切时代的宗教书籍和各种法典，总是以简单断言的文风来操作。无论是号召人们捍卫某项政治事业的政客，还是利用广告手段推销产品的商人，全都深知断言的内在价值。

16世纪，被人尊称为“炼金术士的顶峰”的瑞士人帕拉齐斯，他写了很多研究炼金术的文字，声称自己掌握了炼金术的秘密。但是这样的大话非但没有影响他的声誉，反而引起了全欧洲对他的关注。

帕拉齐斯原本是位著名的医生，可以说是年少有为，他在33岁那年，就成为巴塞尔大学物理学和自然哲学的教授。学生们喜欢听他的课，他因此渐渐变得傲慢起来，无视身边的所有人。他当众烧毁了许多前辈的著作，还口出狂言，认为这些著作还不如他的脚后跟儿蕴涵的知识丰富。但是这种疯狂的举动却使得崇拜者们更加狂热，帕拉齐斯的声望如日中天。

我们说过，很容易陷入偏激的情绪之中是群体的最大属性，而言之凿凿、不容置疑的断言，往往是最极端的说法，这也很容易影响群体。当群体陷入狂热状态时，无论你说什么，他们都会选择相信。但如果断言没有被持续性重复，而且还无法保证措辞不变，这就很难产生深远的影响。拿破仑曾经说过：重复，是唯一一个极为重要的修辞法。

那些得到断言的事情，必然要通过反复重复才足以在头脑中生根，人们会把它当做已经得到证实的真理来接受。

只要回顾重复对人类大脑的力量，包括那些非常理智的人，就可以理解它对群体的影响。重复对于群体的作用足够强大，这种力量来自这样一个事实，不断重复的语言会进入我们无意识自我的深层区域，这是我们行为动机形成的地方。谎言重复千遍就成了真理，当某个观念重复到一定程度的时候，我们会忘记“始作俑者”，进而对它深信不疑。

断言和重复都具备足够强大的力量，如果把这两种方法分开使用，恐怕会胜负难分。然而比起这两类手段，传染拥有的力量更为强大。如果一句得到了有效重复的断言，群体又对重复内容没有任何异议的话，此时必然会形成所谓的主流意见，进而强大的传染过程就此启动。

所以，一些著名的金融项目中的富豪，会收买所有参与者以主导舆论。如在雷赛布先生获得了苏伊士运河的开凿权之后，他遭遇了多方力量的压制，即使在他自己的公司内部也是一样。据知情人透露，雷赛布先生运用了一些非常规的手法，成功地解决了这个问题——他收买了所有持反对意见的参与者，这些人后来就热烈地响应雷赛布先生的主张。伴随着气氛的迅速传播，大众便很快又开始拥戴雷赛布先生，在此之后，雷赛布先生在重大决策中，就基本上再也没有遇到阻力。

对于群体来说，各种观念、感情、情绪和信念，他们的传染力都和病菌一样强大。

这是一种自然现象，我们在聚集成群的动物中，也能经常看到这种现象。一个马厩里如果有匹马在踢饲养员，那么其他的马也会群起而效之，哪怕是最温顺驯良的马也不例外。若有几只对环境怀有惊恐感的羊存在，这种状况也会很快蔓延到整个羊群。在身为精神病专家的医生中，不时会有人精神分裂，这已是广为人知的事情。有人认为人也能把某些疯病传染给动物，例如广场恐惧症等。

这种特征覆盖了整个生物界，包括人。在聚集成群的人中间，所有的情绪都会被迅速传染，这也正是恐慌能瞬间爆发的原因。

有一句古老的诗句，预言魔鬼将在1630年毒死所有米兰人。这年4 月的一个清晨，在米兰城中心，所有门上都画着奇怪的画或者污点，这些标志都像用烂疮流出的脓血涂上的一样。全城人为此奔走相告，警钟迅速敲响。大家协力寻找元凶，但却一无所获。就在这个时候瘟疫爆发，人们谁也不敢相信别人。恐慌的情绪四处传染，人们恐慌到怀疑井水已经不能喝，田里的庄稼和树上的果子也被魔鬼施了毒，甚至觉得连墙壁、门把手、车门等，都沾满了毒药。

有位年过八旬的老人经常在圣安东尼奥教堂祈祷，一次祈祷时他刚想用衣角擦坐凳的时候，马上有人说他在放毒。教堂里那群无知的女人立刻疯了般地揪着老人的头发，把他拖向市政府，如果不是他在半路上就断了气，肯定还会被严刑拷打，被迫供出莫须有的同伙来。

人们还指控一位叫毛拉的药剂师在勾结魔鬼，然后群体包围了他的房子，发现了许多化学药品。药剂师声称这些药品是用来染发的，但是别的医生却告诉大家这些全部都是毒药。毛拉饱受酷刑拷打，起初他还坚持说自己是清白的，但最终难耐长时间折磨的苦楚，毛拉选择了屈服。他承认了自己串通魔鬼，承认了用毒药抹门，在泉水中投毒等罪行。

传染易发于人群聚集的地方，但大家聚集在一起并非传染的不可或缺条件。某些特殊事件，能让所有人的头脑产生同样独特的感情倾向，并迅速表现出该群体特有的性格来。即使距离遥远，但在这些事件的影响下，人们也能感受得到传染的力量。当心理上已经有所准备的人们，受到了我前面研究过的一些间接因素的影响时，情况尤其如此。这方面的一个事例是1848年的革命运动，它在巴黎爆发后，便迅速传遍大半个欧洲，让许多皇室与政府都变得岌岌可危。

很多影响要归因于模仿，其实这也不过是传染造成的结果。我在另一本著作《人及其社会》中已经说明过传染的影响，因此，我引用一段于1881年前曾就这一问题说过的话：

人和动物都具有模仿的本能，这是必然的，因为模仿总是比创造更容易。也正因此，才使得所谓的时尚的力量如此强大。无论是意见、观念、文学作品或服装，有几个人能有足够的勇气与时尚作对？

支配大众的是榜样，而不是逻辑论证。

每个时期，都有少数特立独行的人与主流社会作对，他们标新立异的做法能够吸引众多的目光和青睐，群体总是会无意识地模仿他们，这就是建立榜样的一种方式。但无论这些人多么有个性，都不能逾越传统，至少不能大张旗鼓地反对社会主流价值观。如果他们这么做，显然会增加模仿成本，使模仿越发困难，进而也不利于建立自己的影响力。

过分前卫的人，一般都不会对群体产生影响，两者界限分明，也无法过渡。因此，欧洲文明尽管优点泛滥，但他们对东方民族的影响却始终微不足道。两者之间有着天壤之别，理解尚不可能，又何来所谓的接纳？没有接纳，又如何被传染影响？

从长远看，历史与模仿的双重作用，会使同一个国家、同一个时代的人极其相似，包括那些貌似不受这些双重影响的个人，如哲学家、科学家和文人等，他们的思想和风格有一种相似性，我们可以轻易地从这些特征中辨认出他们所处的时代。

甚至与某个人不用通过长时间的交谈，我们就能全面了解他喜欢读什么书、有什么消遣习惯、生活环境如何等问题。

传染不但能迫使个人接受某些意见，而且能迫使个人接受一些感情模式。以瓦格纳的歌剧《唐豪塞》[43]为例，它在1845年上演时颇受蔑视，观众也寥寥无几。但过了几年，《唐豪塞》却声名鹊起，那些之前尖刻批评它的人，此时对它大加赞赏。传染的威力如此之大，所以谁掌握了传染的技巧，谁就主导了舆论，谁就可以成为控制群体无意识的真正主人。

意见和信念的普及最容易受传染的影响，群体绝不会接受推理或论证。目前流行于工人阶级中的学说，都是他们在公共场所学到的，这些都是断言、重复和传染的成果。每个时代创立大众信仰的方式都如出一辙。19世纪的法国思想家勒南，他就曾精确地把最早的基督教创立者比作“从一个公共场合到另一个公共场合传播观念的社会主义工人”；伏尔泰在谈到基督教时也注意到，“在该教创立后，最初的一百多年里，接受它的只有少数的社会败类”。

与前面提到的情况相似，传染在作用于广大民众之后，还

43 歌剧《唐豪塞》的全名叫做《唐豪塞和瓦特堡唱歌比赛会》，它取材于中世纪的两个古老传说：一个是关于维纳斯堡骑士唐豪塞的故事。另一个是关于十三世纪瓦特堡恋歌诗人的故事。由于唐豪塞沉溺于与美丽之神维纳斯的肉欲，从而成为维纳斯堡的一个忠实卫士。后来他厌倦这种生活回到瓦特堡。但他在参加唱歌比赛时却忘乎所以地赞颂维纳斯堡妖冶娇媚的美女，几乎被那些盛怒的骑士杀死。在热爱着他的伊丽莎白的保护和解救下，唐豪塞深感悔恨，并参加了朝圣者的行列以祈求教皇赦罪。但他的罗马之行并没有如愿以偿，为此伊丽莎白忧愁而死，唐豪塞最后却获得宽赦。

会扩散到社会上层。一个信条在被它的首批牺牲者接受后，就会开始向社会高层蔓延。传染的威力如此巨大，在它的作用下，甚至连个人利益的意识也会消失殆尽。

这就解释了一个事实：不管一种观念多么荒谬，只要得到大众的接受，最终它都会以强大的力量在社会的最上层扎根。

社会下层对社会上层的这种反作用，的确是个较为奇特的现象，由于大众的信念多数起源于一种更高深的观念，也就致使这种观念在自己的诞生地不会产生过多影响。在个别领袖和鼓动家被这些观念征服之后，他们会取为已用，逐渐歪曲改装，重新组织一些再次曲解这些观点的宗派，然后开始在群体中传播。观念经过这个篡改过程后变得更加简单明了、通俗易懂，在被低智能的群体互相传播后就演变为大众的真理。然后再以新面目回到自己的发源地，继续对一个民族的上层产生影响。

从长远分析是智力塑造着世界的命运，但是这只是一种间接性作用。当哲学家通过这个过程取得思想的最终胜利时，他们早已驾鹤西游去了。

声望

群体都希望影响他们的人应具备某种夸张的品质，所以只要适应环境需要，就可以利用断言、重复和传染夸张信奉某种观念的美好结果，以此来获得巨大的反响，而此时一种神奇的统治力量就诞生了，这种力量就是所谓的声望。

无所谓统治力量如何，也不管是何种观念或何种品性的人，他们的权力得到加强，就必然得依靠这种不可抗力——声望。

对这个词的含义，每个人都有着似是而非的理解，但却没有人能准确地给它定义。声望涉及的感情，既可能是赞赏，也可能是畏惧。在一些时候，感情是成就声望的基础，当然没有感情的声望也能独立存在。最大的声望，通常都是属于死者，即那些对我们不再构成威胁的人，例如亚历山大、恺撒。此外，还会存在一些我们并不喜欢的虚构声望——蛮荒神庙中那些可怕的神灵以及地狱里的魔鬼等，这些虚构事物，它们越有声望，我们就越害怕。

在现实中，声望是某个人、某本著作或某种观念对我们的支配力。我们的判断能力会完全被这种支配力所麻痹，我们常常会惊讶于它的神奇而心生无限的敬畏，这些与魅力人物引起的幻觉几乎没有不同。它令我们如此痴迷，可让我们甘心臣服，从而情愿将自己奉献给这种声望的拥有者。它具有如此神奇的作用，所以几千年以来，出现了无数沽名钓誉之徒。声望足以让人拥有操控民众的权力，这也是其他权力的主因，不管神仙、国王还是美女，都不能没有声望的庇佑。

1815年的2月26日傍晚，拿破仑带着3名将军和1000名士兵，乘着7条船趁着夜色逃离厄尔巴岛，拿破仑信誓旦旦地向部下宣称，他可以不放一枪就到达巴黎。3天后，拿破仑在法国南部的儒安湾登陆，整个掷弹兵团阻挡了他的去路，当将军们提醒拿破仑，登陆有各种潜在的危险时，拿破仑再一次为部下做出了表率，他迎着枪口走上岸去，向掷弹兵团大声宣布，他就是他们的皇帝。

那些士兵不仅没有向拿破仑开枪，反而脱帽向这位昔日的皇帝致敬。效忠于波旁王室的将军发出进攻的命令时，整营的士兵却突然掉转枪口，加入了拿破仑的队伍。

在通往巴黎的路上，拿破仑所向披靡，法国民众都欣喜若狂，成团成师的军队重新投入拿破仑的麾下，一直护送他重登皇位。

只花了19天的时间，拿破仑赤手空拳地完成了一场神话般的政治变革。

拿破仑之所以能够东山再起，与法国民众的情绪有着莫大的关系。在波旁王朝复辟之后，法国领土上到处都是外国军队，这激起了法国民众的民族热情，特别是那些曾经随着拿破仑东征西讨的军人，将往日的辉煌与现状进行对比后，就更容易使他们想入非非，于是便在看到拿破仑的时候陷入莫名的狂热之中。

我们不该忽略拿破仑的特殊身份，民众的确有着一定的狂热情绪，但是除了拿破仑，恐怕没有人可以让他们重新陷入想象。

这是一个恰当的领袖在恰当的时候做出的恰当举动，谁也无法复制。

领袖可以利用他的声望，这在以后还会提到，但当领袖们打算用观念和信念——利用现代的各种社会学说来影响群体的头脑时，就需要借助其他手段了。

形形色色的声望大致可分为两类：一是先天声望；二是个人声望。先天的声望来自称号、财富和名誉，和个人关系并不大。

也就是说，无论谁是国王的儿子，也无论这个国王有多少儿子，只要是国王的儿子，便足以威慑民众。相反，个人声望基本上为一个人特有。然而名誉、荣耀、财富等，既可与个人声望共存，也可加强个人声望，不过，就算没有这些附加因素，个人声望也完全可以独立存在。

先天的或人为的声望更为常见。一个占据着某种位置的人，仅仅凭借他所拥有的财富或头衔，就已经享有了声望，不管他本人是否真正有价值。人为声望的威力，应该和人类对仪式的膜拜有关。我们在面对仪式时，会对一种秩序、法律或制度的特定形式与象征本能地心怀敬畏。一身戎装的士兵、身着法袍的法官，总会令人肃然起敬。法国思想家帕斯卡[44]就十分

44 布莱士•帕斯卡（1623—1662），法国著名的数学家、物理学家、哲学家和散文家。主要贡献是在物理学上发现了帕斯卡定律，并以其名字命名压强单位。

尖刻地说过，法袍和假发是法官必不可少的行头。没了这些东西，他们至少会丧失一半的权威。这种先天声望让人极富威信，即使是最桀骜不驯的激进主义者，在面对着一位亲王或公爵的时候，也会自惭形秽。

这些有先天声望或权力的人，如果他们想要剥削老实人，那简直是易如反掌。

无论我们在哪个国家，都能看到军装、勋章与头衔对民众的影响。包括个人独立意识发达的国家，如英国。一本游记这样记载道：

在英国，哪怕是再自命清高的人，也会因自己和某个皇家贵族沾亲带故而更觉高人一等。看到那些位高权重的家伙，他们便兴奋不已。如果让他们的贵族身份可以通过财产得到，他们会选择倾家荡产，他们认为，只要有了这些身份，便能拥有人民的爱戴。只要能与达官贵人交往，这些人便会处处心甘情愿地追随自己……他们流淌着对贵族的羡慕与敬重的血液，如同西班牙人热爱舞蹈，德国人热爱音乐，法国人热爱革命一样。他们对千里马和莎士比亚[45]的热情不高，虽然这些东西也能带给他们满足，但却无关紧要。但凡贵族的相关书籍，销量都十分喜人，任何书店都有它们的一席之地，其数量之多，堪比《圣经》。

上面所述的先天声望是通过人来体现的，在这些声望之外，它们还体现在各种意见、文学和艺术作品等事物中，这往

45 莎士比亚（1564—1616），英国文艺复兴时期伟大的剧作家、诗人，欧洲文艺复兴时期人文主义文学的集大成者。

往是日积月累的成果。历史，尤其是文学和艺术的历史，不过是不断重复一些判断而已。没有人想证实这些判断的正误，因为人们都只会重复自己从学校里学到的东西，直到出现无人敢评论的新称号或者奇特事物的时候，他们才会略有疑义。

相对现代读者而言，读《荷马史诗》[46]实在是枯燥乏味，但又有谁敢说自己不喜欢这部史诗呢？它的声望摆在那里，即使自己不喜欢，它的伟大你也必须得承认。

17世纪，纵然雅典卫城的巴特农神庙被战火烧毁，只剩下满目疮痍的残垣断壁，它的巨大声望也让人丝毫不敢不敬，甚至还要佯装出极度崇拜的模样。

声望会阻碍我们看到事物的本来面目，彻底麻木我们的判断力。大众和个人一样，都需要对一切事物有简单明了的现成意见，尽管这些意见的普及度与其正误毫不相干，尽管它只是声望的产物而已。

现在我们来谈谈个人声望，这与人为的或先天的声望完全不同。

这是一种与一切头衔和权力无关的声望，且只为极少数人拥有。

当某个人拥有这种声望时，他就能够对和自己拥有平等社会地位的人，施以一种神奇的幻术。

46 《荷马史诗》是相传由古希腊盲诗人荷马创作的两部长篇史诗《伊利亚特》和《奥德赛》的统称。两部史诗都分成24卷，这两部史诗最初可能只是基于古代传说的口头文学，靠着乐师的背诵流传。它作为史料，不仅反映了公元前11世纪到公元前9世纪的社会情况，而且反映了迈锡尼文明。它再现了古代希腊社会的图景，是研究早期社会的重要史料。

这种声望接近于个人魅力，尽管他们没有任何权力，也没有统治他人的手段，但是却能强迫周围的人接受他们的思想与感情，让众人顺服，如同凶猛的动物服从驯兽师一般。

伟大的民众领袖如释迦牟尼、耶稣、穆罕默德、圣女贞德[47]和拿破仑，都享有这种声望，而且声望极高。他们所取得的地位与这种声望密切相关。各路神仙、英雄豪杰和各种教义，能够在这个世界上大行其道，都是因为他们自身所具备的那些深入人心的力量。当然，对他（它）们是不能探讨的，因为一经探讨，他（它）们便烟消云散。

这些伟大人物早在成名之前，就拥有一种神奇的力量，假如完全没有这种力量，他们不可能成为名人。譬如说，达到荣耀顶峰时的拿破仑，不仅仅是因为他的权力这一事实而享有了巨大声望，而是他在没有这种权力，仍然默默无闻时，就已经部分地具备了这种声望。

在他刚刚成为准将，还是个名不见经传的小人物的时候，被那些有权有势的人派去指挥意大利军队，他到任时他才发现，自己正处在一群愤愤不平的将军之中，这些人完全无法接受——二十几岁的青年凌驾于他们之上。于是大家都决定给这个总督派来的年轻人来个下马威。

47　圣女贞德（1412—1431），被称为“奥尔良的姑娘”，是法国的民族英雄、军事家，天主教会的圣女，法国人心中的自由女神。英法百年战争（1337—1453）时，她带领法国军队对抗英军的入侵，支持查理七世加冕，为法国胜利作出了巨大贡献。但后来被宗教裁判所以异端和女巫罪判处火刑。

在师部的将军里面，一位名叫奥热罗[48]的将军最不服气（此人是法国当时权势如日中天的巴拉斯[49]的宠儿），他身材高大，性格剽悍，但也不过是个骁勇善战的匹夫，他在学校时成绩平平，常在街头打架斗殴，还做着当数学家的美梦。

奥热罗对这个空降的暴发户满怀妒气，但凡听到别人肯定拿破仑的强大能力，他不是嗤之以鼻，就是不予理睬。一天，奥热罗将军等人来到军营拜见拿破仑，拿破仑却让他们等在外边，这让奥热罗大为恼火，他怒气冲冲地提着佩剑冲到拿破仑面前。

拿破仑戴上帽子，面不改色地颁布了准备采取的新措施，最后毫不客气地命令他们离开，奥热罗碰了个不软不硬的钉子，灰溜溜地走出了拿破仑的营帐。

拿破仑没有借助于任何语言、姿态或威胁，而奥热罗一看到这个有气场的人，就已经完全被征服了。在拿破仑的营帐中，奥热罗一直沉默不语，直到出门后才重新找到自信，才能像平常那样骂骂咧咧地说话。这个小个子将军让他万分地敬畏，他甚至自己也无法理解压倒他的那股气势。

拿破仑的权力达到巅峰之后，他的声望伴随着荣耀一起增

48　查尔斯•奥热罗（1757—？），法国巴黎人，佣人之子。奥热罗身材高大，令人生畏，是一位勇敢和精力充沛的军事指挥官和颇有计谋的战术家。

49　巴拉斯（1755—1820），法国大革命时期的风云人物。曾在土伦屠杀过保王党人，后又参加1794年的热月政变，在督政府担任督政。其间贪污腐化，情妇甚多，拿破仑的妻子、后来成为皇后的约瑟芬在嫁给拿破仑之前曾一度与其过从甚密。

长，至少在他的追随者眼里，他和神灵的声望已不相上下。即使是那些最桀骜不驯的莽夫，也愿意臣服于他。

他手下的旺达姆将军是一个大革命时代的典型军人，比奥热罗更粗野，在1815年与阿纳诺元帅一起登上杜伊勒利宫的楼梯时，他对元帅谈到了拿破仑："那个魔鬼般的人物对我施用了幻术，搞得我也不清楚他为何如此厉害，看到他的那一刻，我就会像孩子一样颤抖，即使让我为他赴汤蹈火我也在所不惜。"

不只是这两位将军，拿破仑对和他接触过的所有人，都能产生这种神奇的影响。奥地利的科本茨尔伯爵就是如此，当拿破仑生气地把一个昂贵的花瓶摔碎在他面前时，这位奥地利外交大臣被吓得浑身哆嗦。而拿破仑的名将达武，谈到自己的奉献精神时对国务秘书兼外交大臣马雷说："如果皇帝对我们说，'毁灭巴黎，不让一个人活着或跑掉，这对于我的政策至关重要'，我相信你是会保密的，不过你还不至于愚忠到不想让自己的家人逃离这座城市。而我会因为担心泄露真情，把我的妻儿留在家里。"

拿破仑知道，如果他把自己身边的人看得猪狗不如，他的声望就会更上一层楼，包括那些让全欧洲人都心惊胆战的显赫人物。当时的许多闲谈都足以证明这个事实。

在一次国务会议上，拿破仑粗暴地羞辱他的财政大臣伯格诺，他无礼到就如同在对待一个男仆。他走到这人面前说："喂，蠢货，你找到脑子了吗？"伯格诺虽是一个位高权重的人，此时却也深深地哈腰弓背。小个子拿破仑伸手揪住大个子伯格诺的耳朵，把他提了起来。出人意料的是，伯格诺却认为这是令人心醉的宠信的表示，是主人发怒时常见的亲近举动。

只有我们记住这种命令的神奇力量，才能更好地理解拿破仑，为何当他几近孤身一人从厄尔巴岛返回法国，面对已然厌弃他的暴政的大国，却还能闪电般地征服它。然而那位曾经在波旁王室面前夸下海口，发誓要将拿破仑这个“破坏和平者”装进笼子带回巴黎的内伊元帅，只是看了拿破仑一眼就已经屈服。

英国将军沃尔斯利写道：

拿破仑不过是一个来自意大利厄尔巴岛的逃犯，他孤身流亡到法国，几周之内便推翻了法国权力组织。要证明一个人的权势，还有比这更有力的方式吗？在他的最后一场战役里，从始至终，他的气势都对同盟国施加着令人惊叹的压力，多次击退反法同盟联军。这些人被拿破仑牵着鼻子走，即使在与第五次反法同盟会战中失利，拿破仑也是凭着他那钢铁般的意志转败为胜。

拿破仑的声望远远长于他的寿命，而且有增无减，他那个默默无闻的侄子，借着他的声望变成了皇帝。直至今天，他的传奇故事仍然不绝于耳，足见他的声望对人们的影响多么强烈。这个独裁者为了满足自己的征服欲穷兵黩武，让数百万人死于非命——无论何人，只要有足够的声望和将野心付诸实施的天才，人们都会趋之若鹜，对他百依百顺。

是的，正是这些伟大领袖所拥有的特殊声望，才成就了人类文明的丰功伟业。那些伟大的宗教、伟大的学说和伟大的帝国皆起源于此。假如没有这种声望对大众的影响，这些发展就会成为不可思议的事情。

但声望并非全部建立在个人权势、军功政绩或宗教等以敬畏为征服手段的基础之上，它亦可以从平凡生活中建立——无私奉献的美德、坚忍不拔的执着等——只要品质超群，我们前文说过，群体喜欢有着夸张品质的英雄——其影响力也毫不逊色。我们生活的时代，这样的例子也是不胜枚举，最让后人难忘的，要数那个把大陆一分为二，改变地球面貌、交通网络和贸易关系的雷赛布先生。他之所以能完成自己的壮举，完全归功于他那超乎寻常的坚忍意志，归功于他优雅的个人魅力，他言语简洁，拥有化敌为友的能力。他能让自己周围的人为之疯狂着迷。在他遭到无数人的反对时，他只让自己的表现说话。当时，英国人尤其反对他的计划，但当他出现在英国的时候，所有选票都被拉到了他这边；晚年，雷赛布路过南安普顿时，向他致敬的教堂钟声持续不断；19世纪末，英国展开了一场运动，有人准备为他树立一座塑像以纪念他的丰功伟绩。

征服了必须征服的一切障碍——人为障碍、自然障碍之后，雷赛布的个人声望如日中天，春风得意的他多少有些骄傲自满，不再相信还有什么事情能够阻碍他。然后未曾经过周密考察的他，便轻率地决定在巴拿马挖一条巴拿马运河。他按老办法着手这项工程，但由于年纪老迈，精力和智慧都大不如前，他遇上了前所未有的自然障碍，科迪雷拉斯山的岩石巍然屹立、高耸入云，以当时的条件，就完全没有凿穿的可能性，纵然他有移山填海的信念，也无法在有生之年完成这项空前绝后的浩大工程。

1881年，工程因为缺乏资金而停工，这突如其来的灾难，直接抹去了这位英雄身上耀眼的光环。雷赛布先生在运河公司破产之后，被法庭以侵吞公款罪监禁了五年。

雷赛布先生的一生，既说明了声望会如何出现，也说明了它会如何消失。甚为滑稽的是，在雷赛布成就了丰功伟绩之后，却被自己家乡的官僚打入监狱，沦为社会最下贱的罪犯。

雷赛布去世的时候，没有一个人留意这个曾经赫赫有名的伟人，灵柩经过的地方，民众完全无动于衷。只有外国政府对待他如对待历史上每个伟大人物一样满怀敬意，塑了雕像来纪念这个静默的英雄。

上面提到的这些事纵然略显极端，但若想细致地认识声望在心理学中的影响，只能把它们置于一系列极端的事例中讨论。这个系列的一端是宗教和帝国的创立者，另一端则是用一顶新帽子或一件新服饰向邻居炫耀的人。

在这个系列事件的两极之间，文明中的各种不同因素——科学、艺术、文学等——所导致的一切不同形式的声望，都有一席之地，并且可以依稀看到，声望是说服大众的一个基本因素。

享有声望的人、观念或物品，在暗示和传染的作用下，人们会在潜移默化中欣然接受，然后模仿，整整一代人接受某些感情或表达思想的模式是相同的。进一步说，这种通常无意识的模仿，正解释了声望彻底性的影响力。比如，画家们喜欢临摹某些单调的原始色彩或原始人的僵硬姿态，现代很少有画家能够画出比那些作品更有生命力的画来。他们相信自己的真诚，但若没有一个杰出的大师能复制这种艺术形式，人们看到的只是他们幼稚低级的一面。那些模仿著名大师的艺术家，在画布上涂满了紫罗兰色的暗影，其实真实的紫罗兰，他们未必见得比以前更多，只是在大师级画家的个性和特殊印象的影响下（即“暗示”），才画出了稀奇古怪的紫罗兰来。

声望的产生与若干因素有关，其中成功永远是最重要的因素。因为只有成功，才不会被质疑。伴随失败，声望必然也会消失殆尽。

罗伯斯庇尔在清洗队伍时，有着巨大的声望。几张选票的转移，使得他的权力被剥夺掉之后，罗伯斯庇尔立刻就失去了声望，大众一边咒骂他狠毒，一边把他送上断头台，正如不久前对待罗伯斯庇尔自己的牺牲品一样。大众的极端再次得到证明，“神灵”不是得到信徒的顶礼膜拜，就是面临粉身碎骨的下场。

然而声望在说服大众的基本因素中享有无与伦比的地位。如何在获取之后有效地保持，而且让它不受外界因素的影响而流失呢？

下面有一个反面例子。

获得西班牙王室资助后的哥伦布，经过一番苦难重重的历程，最终找到了美洲。

哥伦布声名鹊起，曾经给他冷板凳坐的王亲贵族也都热情地和他握手，对他毕恭毕敬，并打算任他为总督。这时的哥伦布越是克制，这些人就越发地失去自我尊严，连国王的兄弟也来邀请他参加私人晚宴。

但在他第三次西行之后，人们的态度急转直下，因为哥伦布只是发现了美洲，而没能成功地给当时的贵族带来大量黄金和其他财富。

1506年的一个深夜，这位贫病交加的老水手，在自己的阁楼中抑郁地离开了人世。

雷赛布先生的命运也是一样，当雷赛布成功地贯通了两个海洋时，国王和人民纷纷向他致敬；当他败于巴拿马运河后，公众又把他看作欺世盗名的诈骗分子。

我们可以从上述人物的故事中，看到社会各阶级之间的战争，看到资产阶级的不满，他们借助刑法，去报复那些在同胞中出类拔萃的人。现代立法者在面对人类天才高远的理想时，心里时刻充满窘迫，公众对这些理想也不甚理解。现代立法者不难证明，比利时著名探险家斯坦利是个杀人犯，斐迪南·德·雷赛布也是个骗子。在资产阶级憎恨大胆创举的地方，就没有谈论什么不可动摇的正义未来的必要！

连雷赛布都被指控为骗子，我们也就不必对哥伦布的可悲下场感到惊讶了。如果雷赛布是个骗子，那么一切高贵的幻想便都是犯罪。因为他改变了地球的面貌，完成了使万物更加完美的使命，所以古人会用荣耀的光环来纪念他，会让他饮下奥林匹克的甘露。上诉法院的首席法官，也因为指控雷赛布而成为不朽的人物，毕竟各个民族总是需要这种不害怕把信徒的帽子扔向一位老人——他的一生为当代人增光——以此贬低自己的时代。

但民族需要勇士，这些勇士充满自信，完全不在乎个人的安危，他们克服了所有的障碍。天才不可能谨小慎微，因为一味的谨小慎微是绝对不可能扩大人类的活动范围和活动能力的。

所以，即使有如此多的前车之鉴，都在证明一次失败可以毁灭一个人终生的努力，但现实生活中，仍然存在数不胜数的天才或英雄为了人类文明的进步而前仆后继。

假若声望里面缺乏成功，它就注定难以长久，因为成功是保持声望的关键。当然声望也会在探讨中受到磨蚀，只是时间会更漫长。当声望成为问题时，便不再是声望。我们可以看到，能够长期保持声望的神与人，对探讨都毫不宽容。为了让百姓敬仰，大众必须和他们保持距离。

无论是保持声望也好，博取声望也罢，取得事业上的成功来作为支持都是非常必要的，而在这个过程中，务必要以种种手段来维护声望，假如有人反对这些做法，就需要强势的舆论主导，甚至可以不惜用最残酷的手段镇压，从而把所有的反对意见都扼杀在摇篮中。

第四章 群体的信仰和观点的变化范围

信念究竟有多牢固

生物的解剖学特征和心理特征有很多相似之处。通过对不同时代的某种生物进行解剖研究，我们会看到那些不善改变或只有轻微改变的因素，它们的改变得以地质年代来计算。除了这些稳定的特征之外，我们还会看到一些极易变化的特征，如畜牧可以增加某些动物的产肉量，园艺技术可以改变植物的开花方式或果实产量等，这些都是很容易就能改变的特征，它们甚至能改变到让观察者忽视其原有的基本特征。

我们也可以在道德特征方面看到同样的现象。

一个种族，除了不可变的心理特征外，也有一些可变因素。

因此，在研究一个民族的信仰和观点时，在一个牢固的基础结构上，便会有无数嫁接在上面的观点，多如恒河沙数也就不足为怪。

群体的信仰和观点可以分成两类：一类是重要而持久的信

仰，它们能保持千百年不变，民族的文明也许就是以它为基础形成的。例如过去的帝国主义、基督教和新教，当代的民族主义、民主主义、社会主义等。第二类是一些短暂易变的观点，它们通常是每个时代一些普及学说的产物，伴随时代而自生自灭。影响文学、艺术的各种理论就是这类意见，它们不过是蜻蜓点水的痕迹，如那些产生浪漫主义、自然主义或神秘主义的理论。这些观点都是表象的，如同时尚一样多变。

伟大而普及的信仰数量十分有限，它们的兴衰历来都是每一个文明种族历史上让人瞩目的重大事件，是构成文明的真正基础。

用暂时性观点影响大众的思维并不难，但若想让一种信仰在大众心中坚不可摧却是异常艰难。一旦这种信仰得到确立，要想根除它也是同样的困难，只有暴力革命才能对它们进行革新。某些对人们的头脑已经完全失去控制力的信念，也能借助于革命来斩草除根。革命的使命就是清除几乎已经被人们抛弃的事物，因为惯性阻碍着人们做不到完全放弃。所以，一场革命的开始，往往意味着一种信念的终结。

某种信念开始衰亡的确切时刻，我们很容易就能辨认出来。

在人们开始质疑它的价值时，它的影响力便已经走向衰退。一切普及的信念不过是一种虚构，不被理性审察是它唯一的生存条件。

不过，即使是一种已经摇摇欲坠的信念，依据它建立起来的制度也仍有相当强大的力量，这使该信念难以高效率地消失。当信念的余威尽失时，相关一切也都会被社会摒弃。迄今为止，没有哪个民族能够在不准备更新全部文明因素的情况下就转变自己的信仰。在转变过程中的这个民族，会慢慢接触新的普及观念，直到停下脚步完全接受这种新信念为止。在此之前，该民族的群体会处在一种群龙无首的状态中。普及性的信念是文明不可缺少的柱石，它们决定着每个民族的思想倾向。只有它们有能力激发信仰，形成责任意识然后成功入主群体大脑。

各个民族都清楚获得普及性信念的好处，他们本能地知道，这种信念的消失是民族衰败的信号。罗马人能够征服世界的信念，是他们对罗马的狂热崇拜。当这种信念寿终正寝时，罗马文明也就走向没落。至于那些毁灭了罗马文明的野蛮人，只有当他们接受了某种共同信念后集结在一起，成为有组织、有纪律的群体，彻底摆脱无政府状态时，才能贯彻这一点。

捍卫自己观点的各个民族，他们的态度都极不宽容，这显然事出有因。这种对哲学批判表现出来的不宽容态度，代表着一个民族生命中最必要的品质。在中世纪，也正是为了寻求或坚持普及性信仰，才致使那么多发明创新者陆续被送上火刑柱，即使他们逃脱了殉道之难，也难免死于绝望之中。也正是为了捍卫这些信念，世界才经常重蹈覆辙，制造生灵涂炭的悲剧。

建立普及性信念的道路可谓是困难重重，不过，一旦它得以立足，便具有长期不可征服的力量。从哲学上看，无论它多么荒谬，最终都会进入最清醒的头脑。古代地中海东部地区的腓尼基人信奉火神摩洛克，为了祭拜这位神灵，人们都以儿童作为祭品。就这样如此野蛮的宗教神话，在超过1500年的时间里，欧洲各个民族竟然一直认为它是不容置疑的。当然，仅从哲学角度分析，它是野蛮的。但就这个如此野蛮的信仰，却创造出了一种全新的文明，使人类窥见了大量迷人的梦境和希望。是的，群体只是单纯地需要梦境和希望，他们并不想知道的更多。

一旦新的教条在群体的头脑中扎根，就会成为鼓舞人心的源泉，它由此会发展出各种制度、艺术和生活方式。在这种环境之下，它绝对地控制着全人类。实干家执意要让这种普及型信仰变成现实，立法者执意想把它付诸实践，哲学家、艺术家和文人全都醉心于如何以各种不同的方式表现它，除此之外再无其他想法。

基本信念多少都可以繁衍出一些短暂的观念，但它们都带着那些信念赋予它们的印记。无论是埃及文明、中世纪的欧洲文明，还是阿拉伯地区的穆斯林文明，都是寥寥几种宗教信仰的产物，这些文明中即使最微不足道的事物，也都留下了它们刻骨铭心的印记。

幸亏有这些普及性信念，每个时代的人才能在一个由相似的传统、意见和习惯组成的基本环境中成长，他们无法摆脱这些东西的熏陶。人的行为首先受自己的意念支配，也受这些信念形成的习惯所支配。这些信念左右着我们生活中最无关紧要的举止，最具独立性精神的人也摆脱不了它们的影响。在不知不觉中支配着人们头脑的暴政，才是唯一真正的暴政，因为你无法同它作战。

确实，古罗马皇帝泰比里厄斯[50]，中国的元太祖成吉思汗[51]和法兰西皇帝拿破仑都是残酷无情的暴君，但是躺在坟墓深处的摩西[52]、佛祖、耶稣，却对人类实行着更深刻的专制统治。推翻一个暴君可以秘密策划政变，但要反对牢固的信念，我们又能凭借什么？在与罗马天主教的暴力对抗中，尽管群体同情的是法国大革命，尽管大革命用了像宗教法庭一样无情的破坏手段，但最终屈服的是法国大革命。人类所知道的真正的暴君就是他们对死人的怀念或他们为自己编织出来的幻想。

如果从哲学上论证，普及性的信念往往甚为荒谬，但这从来都不是它们获胜的障碍。如果这些信念缺少了某种神奇的荒谬性这个元素，那它们也不可能获胜。正如今天的社会主义信念，虽然有明显的破绽，但这并不妨碍大众相信它。这种思考得出的唯一结论是，和所有宗教信仰相比，自由民主主义只能算是等而下之的信仰。前者提供的幸福理想只能实现于来世，因此谁也无法反驳它；而自由民主主义的幸福理想需要在现世得到落实，只要有人想努力实现这种理想，它空洞无物的承诺

50 泰比里厄斯（14—37），这位罗马第二任皇帝曾任命彼拉多为犹太巡抚，在彼拉多任内，耶稣被钉死。

51 成吉思汗（1162—1227），庙号“元太祖”，孛儿只斤氏，名铁木真，蒙古族。1206年，被推举为蒙古帝国的大汗，统一蒙古各部。在位期间多次发动对外征服战争，征服地域西达西亚、中欧的黑海海滨。

52 摩西是公元前13世纪的犹太人先知，旧约圣经前五本书的执笔者。带领在埃及过着奴隶生活的以色列人到达神所预备的流着奶和蜜之地迦南（巴勒斯坦的古地名，在今天约旦河与死海的西岸一带），神借着摩西写下《十诫》让他的子民遵守，并建造会幕，教导他的子民敬拜他。历史上没有谁能够像摩西那样，拥有如此众多的崇拜者。

立刻就会暴露无遗，从而使这种新信仰身败名裂。因此，它的力量的增长也只能到它获得胜利、开始实现自我的那天为止。由于这个原因，自由民主主义这种新宗教虽然像过去所有的宗教一样，也以产生破坏性影响为起点，但是将来它却不能发挥创造性的作用。

意见多变的群体

我们阐述了普及性信念的强大力量，在这一基础的表面，还会不断存在生生灭灭的观点、观念和思想，它们的寿命都不长，一些意见昙花一现，即便比较重要的，也难以延续百年。这些意见的变化总是受某些种族意识的影响。例如在评价法国政治制度时我们说，各政党表面上千差万别——保皇派、激进派、帝国主义者、自由民主主义者等，但它们都有着一个绝对统一的理想——建立一个集权制法国，这个理想完全是由法兰西民族的精神结构决定的。在另一些民族中，同样的名称，却有着完全相反的理想。其实无论是为了给相关观点命名，还是为了欺骗大众，都不会改变事物的本质。在法国大革命时代的人，都深受拉丁文学的熏陶，以至于他们的眼睛只盯着罗马共和国，搬用这个国家的法律、权标、制度。但是，由于他们处在一个有着强大历史背景的帝国的统治之下，他们并没有变成罗马人。

哲学家的任务，就是研究古代的表面背后，是什么在支撑着它们，然后在这些不断变化的观点中找出受普及性信念和种族特性影响的成分。

如果没有哲学上的检验，人们会普遍以为，大众会经常随意改变他们的政治或宗教信念。无论是政治的、宗教的、艺术的或文学的历史，似乎也都证明事情确实如此。让我们来看看法国历史上非常短暂的一个时期，即1790—1820年这31年的时间，这也正好是一代人的时间。在这段时间，我们看到，最初为保皇派的群体十分激进，他们企图发动革命，后来又成为极端的帝国主义者，最后又变成了君主制的支持者。在宗教问题上，他们由天主教倒向无神论，然后又倒向自然神论，最后又归到最坚定的天主教立场。这个反复无常的过程，其实不只是人民群众善变，他们的统治者也同样摇摆不定。国民公会中的一些要人，比如国王的死敌、既不信上帝也不信主子的人，他们最终竟然都臣服于拿破仑，成为他恭顺的奴仆，在路易十八的统治下，这些人又手持蜡烛虔诚地走在宗教队伍中间。

在以后的七十多年里，大众的观点又发生了无数次的变化。

19世纪初，“背信弃义的英国佬”在拿破仑的继承者统治时期，却成了法国的盟友。两度被法国侵略的俄国，幸灾乐祸地看着法国倒退，然后也和它结为朋友。

然而在文学、艺术和哲学中，接下来的观念变化更为迅速。浪漫主义、自然主义和神秘主义等粉墨登场，昨天还受吹捧的艺术家和记者，明天可能就会遭人痛斥和责骂。

但当我们深入分析所有这些表面的变化时，我们发现，一切与民族的普及性信念和情感相左的东西，都不具备持久力，它们逆流不久便又会回到主河道。它们与种族的任何普及性信念或情感毫无联系，所以不可能具有稳定性的观念，只能听任机遇的摆布，或者，假如其说法还有可取之处——会根据周围的环境而发生变化，它们只能是在暗示和传染的作用下形成的一种暂时现象。它们匆匆成熟，又匆匆消失，就像海边沙滩上被风吹成的沙丘。

当今世界的群体中，易变的观点比以往任何时候都多，这有以下三个不同的原因。

首先，昔日的信仰正在持续性丧失影响力，它们也不再像过去那样，能够形成当时的短暂观点。但是普及性信仰的衰落，为一大堆既无历史也无未来的偶然观念提供了场所。

其次，由于大众势力的不断增长，这种势力制衡力量也越来越弱。了解群体观念的极其多变后，它得以无拘无束地自我表现。

最后，是传媒的发展，它们不断地把完全对立的观点带到大众面前。每种个别的意见所产生的暗示作用，很快就会受到对立意见中暗示作用的破坏。结果是任何意见都难以普及，它们全都成了过眼烟云。如今的意见，还没来得及被足够多的人接受，或者说成为普遍意见，便都已经寿终正寝了。

这些不同的原因造成一种世界史上的全新现象，它是这个时代最显著的特点。我这里是指政府在领导舆论上的无能。

就在不久以前，政府的措施、少数学者和个别几家报纸的影响，它们才是公众舆论真正的反映者。而今天的学者已经完全没有任何影响力，报纸也只反映大众的观点，迎合世俗。对于政客来说，先不说他们能引导各种观点，就连追赶观点都唯恐不及。他们害怕观点，有时甚至恐惧观点，这使他们采取了极不稳定的行动路线。

于是，群体的观念越来越倾向于变成政治的最高指导原则。局势竟然发展到能够迫使国家之间结成同盟的地步，例如19世纪末的法俄同盟，这几乎可以说完全是场大众运动的产物。目前一种奇怪的病症是：人们看到教皇、国王和皇帝开始同意接受采访，仿佛意味着他们也愿意把自己对某个问题的相关看法交给大众评判。过去说在政治事务上不可感情用事，这也许还算正确，但是当政治越来越受多变的大众冲动所支配而他们又不受理性的影响、只受情绪支配的时候，你还能再这样说吗？

至于过去引导思想潮流的报业，而今也像政府一样，在大众势力面前变得屈尊偏就。虽然还有相当大的影响，然而这不过是它一味迎合大众的结果。报业既然成了仅仅提供信息的部门，便意味着它放弃了让人接受某种观念或学说的努力。

它在公众思想的变化中随波逐流，出于竞争的必要，它也屈从趋势，毕竟它害怕失去自己的读者。过去那些稳健而有影响力的报纸，被上一代人当做智慧的传播者的报纸，如《宪法报》《论坛报》和《世纪报》，如今它们不是已经消失，就是沦为典型的现代报纸，最有价值的新闻被夹在各种轻松话题、社会见闻和金融谎言之间。没有哪家报纸可以富裕到能够让它的撰稿人传播自己的观点，对于那些只想得到消息、对所有断言全部质疑的读者而言，这种意见的价值微乎其微。甚至评论家也不能再恳切地说一本书或一台戏获得了成功。他们能够恶语中伤，但不能提供服务。报馆清楚地知道，在形成批评或个人观点上没有价值的东西时，它们便会采取压制批评的立场，只限于提一下书名，再添上部分“捧场的话”。不久的将来，我们将会看到，这种命运同样也会光顾戏剧评论。

如今，密切关注各种意见已经成为报社和政府的第一要务。他们不需要间接性知道一个事件、一项法案或一次演说造成的效果。这项任务绝非轻松，因为没有任何事情会比大众的想法更为多变，没有任何事情能够像大众朝秦暮楚的做法这般常见。

不存在任何引导思想的力量，加上普及性信仰的毁灭，其最终结果就是：大众对一切秩序的意见所产生的分歧都特别极端，而且越发地表现出事不关已、高高挂起的姿态。像自由民主主义这种信条的问题，只会在低文化阶层，如矿山和工厂里的工人中间得到追捧，中产阶级的下层成员以及受过相关教育的工人，不是变成了彻底的怀疑论者，就是抱着极不稳定的观点。

大众观点的演变速度非常惊人。在18世纪中叶之前，虽然与我们相距不远，但是人们的观点大致还可统一，它们的产生是因为接受了一些基本的信仰。只根据某人是个君主制的拥护者这一事实，便可断定他持有某些明确的历史观和科学观；只根据某人是共和主义者，便可以说他政治信仰与前者截然相反。

拥护君主制的人十分清楚，人不过是从猴子变过来的，而共和主义者同样十分清楚，人类的祖先就是猴子。拥护君主制的人有责任为王室说话，共和主义者则必须怀着对大革命的崇敬发言。

凡是提到一些人名，如罗伯斯庇尔和让·保尔·马拉[53]，语

53 让·保尔·马拉（1743—1793），法国政治家、医生，法国大革命时期民主派革命家。

气中必须含有宗教式的虔诚，一些人名，如恺撒大帝、罗马皇帝奥古斯都[54]或法国的拿破仑大帝，在提到时也万万不可不猛烈地痛斥他们。连在法兰西索邦的人，也大多以这种幼稚方式去理解历史。

从这个角度看，法国官方任命的历史教授写下的一些东西是非常让人匪夷所思的。它们证实了法国的大学教育是多么的缺乏理性思考精神。《法国大革命》所言甚是：攻占巴士底狱不但是法国历史，也是整个历史上的一件登峰造极的事，它开创了世界史的新纪元。而罗伯斯庇尔，他的独裁更多的是建立在舆论、说服力和道德威信上，这是一种掌握在高尚者手里的教皇权力。

目前，由于讨论和分析的缘故，所有观点、理念都失去了声望；它们的特征很快退化，持续的时间仓促到无法唤起我们的任何热情。

现代人普遍日益麻木不仁。

对理念的衰退不必感伤。无可厚非，这是一个民族生命衰败的征兆。当然，伟大的人、具备超凡眼光的人、使徒和民众的领袖——总之，那些真诚的、有强烈信念的人——与专事否定、批判的人或麻木不仁的人相比，他们能够发挥更大的影响。

54　奥古斯都，即盖乌斯•屋大维（约公元前63—14），罗马帝国的开国君主，元首政制的创始人，统治罗马长达43年，是世界历史上最为重要的人物之一。他是恺撒的甥孙，公元前44年被恺撒收为养子并指定为继承人。恺撒被刺后登上政治舞台。公元前1世纪，他平息了企图分裂罗马共和国的战争，被元老院赐封为“奥古斯都”，并改组罗马政府，给罗马带来了两个世纪的和平与繁荣。

不过我们切莫忘记，由于大众拥有庞大的势力，因此，如果有一种意见赢得了足够的声望，并能够得到普遍接受，那么它很快就会拥有强大的专制权力，使一切事情屈服于它，自由讨论的时代便会长久地消失。大众时而是位步态悠闲的主人，就像恶名昭彰的罗马皇帝赫利奥加巴鲁斯[55]和泰比里厄斯一样，但他们同时还狂暴且反复无常。当大众在一种文明中占了上风时，它便几乎没有多少机会再延续下去了。如果说还有什么事情能够推迟自身毁灭的话，那就是尊重极不稳定的大众观点，迎合他们对一切普及性信仰的麻木不仁，倘若与大众作对，就只会加速文明的灭亡。

55 赫里奥加巴鲁斯，即马可•奥利里乌斯，几乎是最残忍放荡的罗马皇帝。他于公元前218年即位，从那时起就开始了放荡的无节制的穷奢极欲的生活，最后被禁卫军杀死（那年他18岁，只做了4年皇帝）。

第三卷

不同群体的类型与其特点

第一章　群体的分类

两大群体类别

在前两卷我们论述了群体的一般特点，也相对了解到群体行为的一般心理特点，但仍有待说明的是，群体类型也是多样化的，在一定刺激因素的影响下，群体会各自表现出不同的特点。我们先用几句话来谈谈群体的分类。

不同种族的人组成的群体完全不同，如果是一个由各个民族组成的群体，我们就能看到群体的原始形态——素不相识的个体以警惕的心理彼此打量且评价。要团结这样一个群体，唯一的共同纽带就是首脑，如果这名首脑德高望重，这个群体就能迅速团结起来，反之则背道而驰。数百年以来，野蛮人不断进犯罗马帝国，这些来源复杂的野蛮人，他们中有高卢人，有日耳曼人，也有斯拉夫人，还有很多不知名的小部落，因此我在这里把他们作为此类人群的典型。

同一种族的人组成的群体，从精神层次上来说，必然要比不同种族的个人组成的群体高些，这是因为在同样的文化习俗影响下的他们拥有共同的特征，经过多年的相互影响，最终才形成了一个种族。它们有时也会表现出某些一般群体的特征，但这些特征同样带着深深的种族影响。

在某些特定影响下，这两种人群都有可能转变成有机的或心理学意义上的群体。我们把这些有机群体分为以下两类。

第一类，我们称为“异质性群体”，成员性格各不相同。这类群体也可分两种，一种是无名称群体，比如在街头纠集的群体或某种突发因素导致的人群会集。另一种是有名称的群体，比如陪审团、议会等。

第二类，我们称为“同质性群体”，成员个体有共同的特点、追求或信仰。这类群体亦可粗略分为三类：一是派别相同，如政治派别、宗教派别等。这种群体是由享有共同政见或有共同宗教信仰的个人所构成；二是身份团体相同，比如大家都是军人，或都是出家修行的僧侣，或为同质工作的劳动工人等；三是根据阶级划分的，如无产阶级、工人阶级、中产阶级、农民阶级等。

异质性群体

接下来，我们简单地探讨一下不同类型群体的特征。

本书用了大量篇幅分析异质性群体的特点，我们先来看看这一群体的构成方式。

这种群体的成员性格特点各不相同，比如有的人利欲熏心，有的人好色如命，有的人慷慨豪爽，有的人则吝啬小气。

他们从事着五花八门的职业，比如有的人是厨师，有的人是钟表匠，也有的人是医生，有的人是记者，有的人是工程师……他们的智力水平也参差不齐，有的人才华横溢，而有的人则愚昧无知。这种群体中的乡村莽夫与才华横溢的科学家，他们都有权同时在埃及欣赏金字塔。

简而言之，异质性群体鱼龙混杂，成员形色复杂，它由不同性格、不同职业、不同智商的人所构成。虽然异质性群体中的大致构成差别不大，但不同群体表现的集体心理与成员个体心理还是有着本质的差别，个体的智力也受这种差别的影响。前面我们已经论述过，个人智力在群体中的作用微乎其微，是无意识情绪支配着每一个群体成员。

而其中的一个基本因素——种族因素——能使不同的异质性群体在心理和行为上截然不同。比如一个中国人组成的群体，和一个由英国人组成的群体，他们之间就必然有天壤之别；黑人群体与白人群体表现出的群体特征就更是明显。只要看上一眼，我们就可以毫不费力地把一个东方人与一群西方人区别开来。

异质性群体特征

外貌特征之外，文化差异便是各个种族间的最大差异。种族的性格特点也正是由这种文化差异所形成，彼此之间习惯不同，思想方式不同，信仰不同……在此基础上形成的种族性格，是最强大的决定人们行为的因素。在群体中，种族性格的作用会更加鲜明地表现出来。

在特定文化环境中形成的群体——当然这种情况相对罕见——即群体由不同的民族构成，这样的群体成员，每个人继承的心理成分都不同，其感情和思想方式也完全不同，这会突出群体之间的差异，无论他们的利益多么一致，也无论他们是否有共同的宗教信仰。

拉丁民族的群体就是集权与独裁统治的信奉者，无论发生了什么事，他们都依赖国家干预。不管这些人开放抑或保守，在实现自己目标的时候，常常期待国家助其一臂之力。拿东方国家来说，无论出现了什么事件，人民常常会问的是：政府做了什么？

与此相反，由英国人或美国人组成的群体，他们就从来不把国家当回事儿，他们认为实现自己的目标只能依靠个人的主动精神。然而同样是为了争取某种公平，中国人会上访，而英美人则选择游行。

每个群体都有自己的精神符号，法国人的群体追求平等，英国人的群体则特别热爱自由。正是这些差异告诉我们，有多少个国家，就必然会有多少种不同形式的政治信仰和民主主义。

环境的差异导致了文化差异，并进而导致了种族的气质分化，这些都对群体性格有着重大的影响。这是一种决定性力量，它限制着群体性格的变化。因此我们可以总结出一条基本定律：种族精神是最强大的，相比之下，群体的次要性格也就没那么的重要。

群体的状态是一种原始状态，支配群体的力量也类似于野蛮力量，至少是向这种原始野蛮状态的回归。但当一个种族有了自己的性格之后，该种族就获得了结构稳定的集体精神，这使得人们摆脱了缺乏思考群体的力量支配，从野蛮走向文明。

种族因素之外的异质性群体，则分为无名称的群体和有名称的群体，前者如临时街头团体——它们也许会有临时性名称，比如迈克尔粉丝团、某某旅游团等，但这和有名称的群体，如精心组织起来的议会和陪审团相比，前一种群体缺乏责任感，而后者则以发挥责任感为目的，这就使得它们在行为上大相径庭。

同质性群体

我们可以简略地从派别、身份团体和阶级来区分同质性群体。

“党同伐异”这个词很有力地说明了派别力量的强大。派别是最基本的同质性群体划分，它是同质性群体组织过程的第一步。而划分派别的是信仰，上至士大夫，下至平民百姓，只要他们有共同的宗教信仰或相同的政治观念，便可划为同一派别，无论是教师、公务员还是商人。

第二种同质性群体是身份团体，这是被共同信仰联系在一起的同派别群体，其成员形形色色。与派别团体不同的是，身份团体由职业相同的个人组成，因此他们还有相似的修养和比较接近的社会地位，比如军人和僧侣团体。

第三种同质性群体，这种群体和派别有所不同，他们结合在一起，不是因为共同的信仰，也不是因为身份相似，而是因为某种共同利益、生活习惯以及几乎相同的教育。这也就是阶级，比如为人所熟知的无产阶级、资产阶级、中产阶级等。

以上三种群体一旦形成，他们的使命就非常明确，因此成为一个特定的组织，这与本书谈的群体特征完全不同。本书只讨论异质性群体，关于同质性群体则放在另一本书《民族心理学》里研究。

第二章 犯罪群体

犯罪群体

犯罪群体的一般特征与大家常见的其他群体特征并没有什么不同，他们易受怂恿且轻信、易变，善于夸大良好或恶劣的感情，表现出某种道德的极限等。犯罪群体的心理则受在群体、亚文化群体中的个人与群体意向、动机的影响，这些可以形成适合犯罪的共同心理倾向。

之前说过，当个人融入群体后，会有一段莫名其妙的兴奋期，他们一边为自己找到组织而欣喜，一边又为现场的仪式感染——仪式是精神的具象表达，因此人对仪式有着本能的寄托。拿破仑的阅兵仪式就是很好的证明。起初，被拿破仑召集来的观礼绅士保持着良好的风度，但掷弹兵方阵经过时，围观的百姓爆发出响彻云霄的欢呼，他们情不自禁地响应了仪式的召唤。

同样的例子在生活中十分常见，在一个低俗聚会中的绅士，即便平时非常的彬彬有礼，都避免不了粗话连篇。在群体中，当个体与多数人的意见产生分歧时，他便会感觉到来自群体的压力。因此其知觉、判断与行为被迫和群体中的多数人保持一致，绝大多数人都无法避免这种从众行为。

有一个很好的例子。有两张卡片，一张画了一条线，另一张画了三条长度不等的线，其中一条与第一张上的那条线长度相等。

七八个人坐在一个教室里，其中一人为被试者，其他人为“同谋”。

在没有群体压力的情况下几乎没有人会判断错误，但在“共谋”故意选错的情况下，35% 的被试者选择了与“同谋”相同的答案。

在兴奋期后，群体就会进入一种纯粹的无意识状态，它失去了所有思考力，听从各种暗示的支配，并且非常容易将这些暗示付诸行动。于是，就发生了群体犯罪行为的悲剧。从一般心理角度分析，很难把它说成是一个犯罪群体。我对相关错误判断持保留意见，是因为最近一些心理学研究让这个观点十分盛行。不错，群体的一些行为，如果仅就其动机而论，的确与平时的犯罪动机有很大不同，但是在某些情况下，这种犯罪行为和一只为了保存体力的老虎，先让幼虎咬死猎豹，然后自己再把这个猎物吃掉的行为是一样的，不过是借刀杀人的把戏。

群体的犯罪动机

一般来说，群体的犯罪行为完全受一种强烈暗示的支配。而这种暗示往往会打着高尚的旗号，使得参与犯罪的个人往往坚信他们的行为是在履行义务，挽救社会。这是群体犯罪行为与普通犯罪行为最大的不同。

这些不同突出表现在以下三个方面：

普通的刑事犯罪动机卑劣，然而群体犯罪动机大多冠冕堂皇，参与者并不认为自己是犯罪行为。普通的刑事犯罪分子犯罪后会胆战心惊，但冠冕堂皇的动机让群体犯罪参与者异常的胆大妄为。普通的刑事犯罪分子犯罪后拒绝承认事实以逃避处罚，群体犯罪的个体则会毫无顾虑地承认事实，但他们拒绝认罪。

动机论者会视他们的犯罪行为是被教唆行为，其实每一个成员都是无辜的。他们只是在无意识的状态下被人利用，犯下了他们根本意想不到的罪行。这是大多数心理学家的观点。但倘若这种谬论成立，那么某个杀人越货后能够坦然招出主谋的犯罪分子，我们就可以认为他无罪。然而事实上，所有的行为皆以结果论罪而非动机，一个人犯罪未遂和犯罪成立的处分大不相同。

我认为，犯罪行为一旦被实施，只有轻重大小之分，没有高尚、卑劣之分，对于被害人来说，两者造成的后果同样是伤害，而群体犯罪导致的结果只会更加惨重。

群体的犯罪历史

关于群体犯罪的案例更是数不胜数。一个较为典型的例子就是巴士底狱监狱长遇害事件。

1789年7月14日，当群众发觉国王的一支骑兵队开到巴黎东部关押政治犯的巴士底狱时，起义者高喊着“到巴士底去”的口号，然后向这个象征封建专制统治的堡垒，发动了排山倒海的猛攻。他们砍断了监狱吊桥的锁链，冲了进去，与守军展开激烈的战斗，最后击毙了守军司令，捣毁了监狱，在巴士底狱升起一面红白蓝三色旗。

在这个堡垒被攻破后，暴动的群众——那些不知宽容的“无畏斗士”，团团围住这个可怜的监狱长。当时，这名监狱长正在照顾其代看的精神病患者。这些暴民对他拳脚相加，他们狰狞的面目下潜藏的是嗜血的獠牙，美德的外衣内包裹着的全部是冷酷无情。

有个厨师干完活后，因为无所事事，就好奇地来到巴士底狱，他原本只是想来看看发生了什么。这时，就有人建议吊死监狱长，砍下他的头，并挂在马尾巴上。在监狱长反抗过程中，他偶尔踢到了一个在场的人，于是又有人建议，让那个挨踢的人割断监狱长的喉咙，这个建议立刻博得了大众的赞同。这个挨踢的正是厨师。他本无伤人之意，但群体的意见就是如此，众目睽睽之下，他也相信这是一种爱国行为，甚至以为自己杀死了一个十恶不赦的恶棍，应该得到一枚勋章。他用一把借来的刀切割那监狱长裸露出来的脖子，因为刀有些钝了，他无法切开监狱长的喉咙。于是他从自己兜里掏出一把黑柄小刀，这个擅长切动物食材的厨师切断了监狱长的喉咙，成功地执行了群体的命令。

由此可见，从众行为会严重导致我们服从别人的怂恿，因为来自集体的意见往往显得更为强大，群体让杀人者认为自己做任何事情都是为了完成历史的使命。在厨师看来，他得到了无数同胞的褒扬，他认为自己完全是在替天行道。这种犯罪动机，从心理上来讲确实不是纯粹的犯罪动机。

犯罪群体的一般特征

犯罪群体的一般特征，与此前论述的群体一般特征没有过多的区别。基本都是如下几个方面：成员中的个体轻信暗示支持，易受怂恿，道德品质表现极端。

法国史上最凶残的群体，即参与“九月大屠杀”的群体，便表现出了上述特征。在这宗惨案里，没有人知道具体是谁下了杀掉监狱犯人的命令，此人也许是乔治·雅克·丹东[56]，也许是罗伯斯庇尔或别的什么人，但这不是最重要的。我们关心的是这样一个事实——群体被强烈怂恿后参与了屠杀。这个屠杀令无论是谁下达，这都表示参与屠杀的个体成员接受了怂恿。

56 乔治·雅克·丹东（1759—1794），法国政治家，法国大革命领袖。早年从事法律职业。曾当选巴黎公社副检察长。1792年8月10日革命后出任吉伦特派内阁司法部长。同年9月外国联军进攻时，反对吉伦特派迁都，发表了“为了战胜敌人，我们必须勇敢、勇敢、再勇敢，法国一定会得救”的著名演说，并入选国民公会，和罗伯斯庇尔一起主张处死国王。雅各宾专政开始后，他支持恐怖政策，把怀疑反革命者斩首。1794年初，他认识到恐怖政策被扩大化的危害，主张宽容，鼓吹“要爱惜人类的血”。在丹东身边团结了一批人，被称为“温和派”。在当时，“温和派”和埃贝尔等人的“极端派”爆发严重的争论。“极端派”被救国委员会消灭后，丹东等人被罗伯斯庇尔实际领导的救国委员会下令逮捕，被革命法庭判处死刑。于4月5日被送上断头台。

该惨案的制造群体与制造圣巴托洛缪大屠杀的群体十分相似。泰纳根据当时的文献作了详细的描述：

这个群体杀了大约3000人，这完全是个典型的异质性群体。他们的成员，除了少数地痞流氓外，其他成员以小商贩、各色手艺人，包括靴匠、锁匠、理发师、泥瓦匠、店员和邮差等组成。他们在众人的怂恿下，如同前文提到的厨师一样，完全相信自己是绝对正义，履行的是爱国任务。他们挤进一间办公室，既当法官又当刽子手，但他们完全意识不到自己是在犯罪。

因为他们深信自己肩负着重要使命——为爱国而革命。他们一起搭起了审判台，与这种行为相关的是，他们表现出了群体的一般特征：率真和幼稚的正义感。他们认为自己的动机是爱国情操。

由于受指控者数量众多，他们认为这样太浪费时间，根本没有必要对案件进行审判，他们决定把贵族、僧侣、官员和王室仆役一律处死。群体低能的思考方式再次发挥了作用，对于他们而言，一个杰出的爱国者，要处决一个罪犯根本无须证据确凿，只要看嫌疑犯从事的职业，就可证明该嫌疑犯是否为罪犯，其他人则根据嫌疑犯们的个人表现和声誉审判他们。

在他们看来，那些贵族平日里恶贯满盈，他们之间往往是官官相护、狼狈为奸，这些权贵都是十恶不赦之徒。可悲的是，与他们关系紧密的僧侣与仆役也被株连，无一幸免。

这种方式满足了群体幼稚的良知，当屠杀变成合法行为时，残忍的本能也即刻被激活。我在别处讨论过这种本能的来源，群体总能把残忍发挥得淋漓尽致。正如群体通常的表现一样，这种本能并不妨碍他们的其他感情，他们的善举和残忍常常同样极端。

1789年，法国暴发了大革命，出于对巴黎工人的深刻同情和理解，暴民们随意屠杀工厂主，殴打管理者。

暴乱者随后又攻进了阿巴耶地区的监狱，其中一人在得知囚犯几个小时没有水喝后，恨不得把狱卒打死，如果不是囚犯们为这位狱卒求情，这位狱卒早就一命呜呼了。一名囚犯被临时法庭宣告无罪释放后，所有人，包括卫兵和刽子手在内都高兴地拥抱这名囚犯，疯狂地鼓掌，然后开始屠杀贵族。在这个过程中，狂热的情绪从未间断。他们围在尸体旁跳舞唱歌，还为女士们安排了长凳，让她们享受观看贵族死亡的乐趣。这种表演一直被一种畸形的正义气氛包围着。

当时，一名刽子手抱怨说，为了让在场的女士看得更真切，把她们安排得太近了，导致只有极少数人享受到了这种痛打贵族的快乐。

为了升级暴动的快乐，暴民们决定让受害者从两排刽子手中间慢慢走过，为了延长他们受苦的时间，他们让刽子手用刀背砍杀这些可怜的受害人。福斯监狱的暴动更为残酷，他们疯狂地剥光受害人的衣服，对受害人施行惨无人道的凌迟之刑。为了让人们都能尽情地欣赏受害人被千刀万剐的痛苦，凌迟时间长达半小时。尽管受害人早已奄奄一息，也仍难逃脱最后的折磨，这些冷血无情的刽子手把体无寸肤的受害者切开，再掏出他们的五脏六腑，其凶残程度简直令人发指。

当然，刽子手也并非无所顾忌，他们身上也时刻存在着群体中的道德意识。他们会把受害人的钱财和首饰收集起来，安分守己地放在会议桌上，没有一个人会将其据为己有。

从这些暴动群体的所有行为都可以看到群体头脑特有的幼稚逻辑。

屠杀了一千多个本民族的敌人之后，一个暴动成员突然提议说，那些关着老年人、乞丐和流浪汉的监狱，都是些一无是处的人，不如把他们全都杀掉。这个建议立刻就被该群体采纳了。

人民的敌人也存活于监狱之中，有位名叫德拉卢的妇女，她就是一个毒杀他人的寡妇。她由于被关押而非常愤怒，她声称如果有可能的话，自己要火烧巴黎。于是有人建议必须除掉她。

这种说法貌似可信，暴乱者认为，既然这所监狱关了一个杀人犯，那么其他囚犯自然也都是重案在身，应该都统统杀掉，于是囚犯们最后无一幸免，其中包括50名12—17岁的青少年。

结束了一周的暴动后，所有这些处决也告一段落，刽子手们心想可以休息了。他们深信自己为祖国立了大功，于是纷纷前往政府请赏，甚至有人冲动地要求被授予勋章。

在历史记载中，1871年的巴黎公社也发生了类似事件。企盼建立集体公社的激进主义者巴贝夫，他要求由集体掌握国家财产，建立以农业为中心的经济体系，最后导致不少花草被挖，树木被砍，建筑被毁。更为荒唐的是，公社成员制作了各种各样的“许可证”，持证人可以随心所欲地娶妻纳妾，不计其数的女性成为其中的受害人。我们悲哀地看到，群体的势力不断增长，政府的权力在它面前节节败退。这类事件绝对不是第一桩，也不会只是最后一桩，将来必然还会不断地发生诸如此类的悲哀事件。

第三章　刑事陪审团

陪审团群体的普遍特征

篇幅有限，我们无法在书中论述所有类型的陪审团。所以在此就只能探讨一下最重要的陪审团，即刑事法庭的陪审团。这些陪审团便是有名称的异质性群体。

所谓陪审团制度，是指特定人群中有选举权的公民参与决定是否起诉嫌犯，并对案件作出判决的制度。常理来讲，刑事法庭的陪审团成员皆是社会精英，但我们会看到，它同样也具备易受暗示和缺乏推理能力等群体特征。只要受到大众领袖的影响，无论天才还是智障，都会变成被无意识情绪所支配的生物。

这些不同成员所组成的群体，具备了群体特征的面面俱到性。这时，个人的智力高低就无关紧要了。前面说过，让一个善于思考的团体就某个并非技术性的问题发表意见时，智力并起不了多少作用。在这个过程中，我们可以时不时看到那些不懂大众心理的陪审员所犯下的有趣的错误事例。

无论是科学家，还是艺术家，只因为他们组成了一个团体，就使得他们面对一般性问题时，可能无法作出一个比泥瓦匠或杂货商更高明的判断。在1848年以前，法国政府规定，要慎重地选择陪审团成员，要从有教养的阶层选择陪审员，即选择教授、官员、文人等。如今的大多数陪审员却都是小商人、小资本家或雇员。但令专家十分费解的是，无论组成陪审团的成员是什么人，他们的判决结果都超乎寻常的一致。连那些敌视陪审制度的地方长官也不得不承认，即使陪审团成员的素养有天壤之别，也不妨碍判决的一致性。前刑事法庭庭长贝拉·德·格拉热先生在《回忆录》中说：

……市议员掌握着选择陪审员的实际权力，这群自私自利的家伙，只根据自己的政治环境和选举要求选择陪审团的成员。

把合乎自己需求的人列入名单，把不合乎自己需求的人永久剔除出名单。过去那些权威人物、重要人物不再是陪审团的核心组成部分，因为现在入选陪审团的人，不是可以从资金上赞助选举的生意人，就是政治信仰相同的政府部门雇员。尽管如此，只要法官正式开庭，这些商人、政府雇员的意见和专业知识便全然失效。热情洋溢的人与慈悲为怀的人，都处在了同一庄重而严肃的环境中，陪审团的精神宗旨没有改变，所以他们与那些权威人物作出的判决没有什么不同。

对上面这段话，我们不要记那些软弱无力的解释，但必须记住它的结论。我们不必为法官为何会以“陪审团的精神未曾改变”来愚蠢地解释这个结论而感到奇怪，因为法官和地方官员一样，他们不过是通才教育制度下制造的庸才，大众心理方面的问题，他们都是一窍不通，因此，他们不可能了解陪审团群体成员的心理。

在上文提到的贝拉·德·格拉热先生的事例中，我还发现了一个证据。他在著作中曾批判过一名律师拉肖先生，这名刑事法庭最著名的出庭律师利用自己的权利，处心积虑地反对聪明人进入陪审团。但经验告诉我们，这种反对毫无用处。事实证明，即使公诉人、出庭律师与所有关在巴黎监狱里的人，都放弃他们可以反对某人进入陪审团的权利，也都无法改变判决结果。正如贝拉·德·格拉热先生所言，陪审团的判决结果依然故我，既没有变得更好，也没有变得更差。

陪审团也是感情的奴隶

群体没有推理能力并且感情用事，所以它很少被证据打动。和其他群体一样，陪审团也被强烈的感情因素左右。一名出庭律师说："他们见不得母亲给孩子喂奶的情景，也见不得一个人孤独或举目无亲的惨境。"格拉热则说："只要一个女人装出听天由命、楚楚可怜的样子，就足以激发陪审团的同情心。"

不难看出，移情或同情是影响陪审团成员的两个主要因素。

如果某一类犯罪行为严重威胁着人类社会，连陪审员自己也有可能成为受害者时，他们就会对此类罪行严加惩治，毫不留情。但由于感情原因而违法的案件，陪审团就十分优柔寡断了。如犯杀婴罪的未婚母亲、报复负心人的女性或对意图诱奸自己的男人泼硫酸的女囚犯，陪审团都会表现得十分宽容，很少用严酷的刑罚来制裁她们。因为他们本能地认为，社会在照常运转，这种犯罪对自己也没有多大威胁。何况在一个没有将遗弃女性罪纳入法律的国家里，被抛弃的姑娘不受法律保护，她为自己复仇非但无害反而有益，因为这可以吓唬那些未来的诱奸者，降低女性被浪荡子弟故意伤害的概率。

陪审团和其他群体一样，也深受声望的影响。对此，贝拉·德·格拉热先生说得十分正确，陪审团虽然是民主选入的成员，但他们在好恶态度上却很贵族化。“头衔、出身、家财万贯、声望或有著名的律师作辩护，一切不同寻常或能给被告增光的事情，都会使他的处境变得极为有利。”

律师的主要任务是打动陪审团，出色的律师尤其擅长此道。正如对付所有群体一样，不需要作很多论证，只采用十分幼稚的推理方式即可。一位曾在刑事法庭上赢了不少官司而赫赫有名的英国大律师，总结出以下应当遵循的行为准则：

辩护的时候，要留心观察陪审团。有利的机会一直都有。律师凭着自己的眼光和经验，从陪审员的表情上领会每句话的效果，并从中得出自己的结论。第一步要确认哪些陪审员已经赞同他的理由，从而避免在他们身上浪费过多时间，同时把注意力转向那些看来还没有拿定主意的人，努力搞清楚他们为何敌视被告。

这是律师工作中十分微妙的部分，因为指控一个人的理由不是只有正义感，还有很多其他理由。这几句话道出了辩护术的全部奥妙。这就是为何我们在前文说事先准备好的演说词大都效果不佳，演讲者必须伺机而变的理由。

群体中的灵魂人物的作用

其实辩护律师不必让陪审团的所有成员都接受他的观点，只需争取那些左右着大众观点的灵魂人物，就可以控制陪审团。正如一切群体一样，在陪审团里也存在着少数对别人有支配作用的人。

“我发现，”上面提到的那位律师说，“一两个有势力的人物就足以牵着陪审团成员的鼻子走。”由此可见，控制陪审团的一个简单诀窍，就是用巧妙的暗示取悦这两三个关键人物，并且取得他们的信任。

只要能成功博得群体中灵魂人物的欢心，在他们即将被说服的时刻，无论你向他出示什么证据，他们都可能会认为该证据可信度很高。我从有关拉肖的报道中摘录一段反映上述观点的趣闻轶事。

大家都知道，拉肖先生是有名的大律师，他在刑庭审判中进行辩护时，无时无刻不关注着那两三个既有影响力又很固执的陪审员，他的眼睛绝对不会离开他们。他会竭尽全力把这些并不友好的陪审员争取过来。

有一次，拉肖先生在外省遇上了一个十分难缠的陪审员。这个人是第七陪审员，第二排椅子上的第一人。他性格固执，对拉肖的态度很是冷漠。庭审的局面令人沮丧。拉肖极尽论辩之能，花了大半个小时来说服他，此人依然不为所动。正僵持不下时，停顿了片刻的拉肖转而向法官说："阁下是否可以命令把前面的窗帘放下来？第七陪审员已经被阳光晒晕了。"激昂的辩论过程因此而终止，那个陪审员脸红起来，他微笑着向拉肖先生表达了谢意。这个难缠的陪审员就这样被争取过来了。

陪审制度的利弊

很多学者，甚至是一些非常出众的学者，都非常反对陪审制度。

尽管陪审制度存在许多问题，但它却仍有保留下来的充分理由。面对一个不受控制的团体——犯罪群体犯下的错误——该制度是目前唯一能公平制裁他们的办法，也是保护我们免受其害的唯一办法。

有些学者主张陪审员应该只从受过教育的阶层中进行选择，然而我们已经证明，不管什么人组成的陪审团，其实判决丝毫不受影响。

还有些人以陪审团犯下的错误为根据，呼吁废除陪审团，用法官取而代之。真令人难以理解，这些一厢情愿的改革家怎么可以忘记，那些看似陪审团犯下的错误，其实也都是法官犯下的错误呢。一般来说，当被告被带到陪审团面前时，一些地方官员、督察官、公诉人和初审法庭已经给他定罪了。由此可见，如果对被告作出判决的是地方官而不是陪审团，那他就会丧失找回清白的唯一机会。

陪审团的错误首先是地方官的错误。因此，当出现了特别严重的司法错误时，首当其冲受到谴责的是地方官，譬如某个对医生的指控就证明了我上述观点。一个愚蠢透顶的督察官根据一位半痴呆女孩的揭发，起诉了一名医生。那个半痴呆女孩声称那名医生为了30个法郎，给她做了不合法手术。

如果不是这个被指控的医生声誉颇佳，该起诉明显的诬蔑激怒了当地百姓，引起社会高层关注，迫使最高法院院长亲自审理这个案子的话，这个医生一定难逃罪名。事实证明医生是清白的，如果不是最高法院还了他自由，他一定会身陷囹圄。

相对野蛮的错案昭然若揭，那些地方官也承认这一点，但是出于身份的考虑，他们极力阻挠签署赦免令。

每当陪审团遇到类似的案子，无法理解它的技术细节时，自然会倾听公诉人的意见。因为他们认为，那些负责侦查案子的警察和训练有素的司法人员，已经对事件进行了调查。至此，我们就能明白错误的真正制造者不是陪审团，而是地方官。

所以，我们应该保留陪审团制度，因为它是唯一不能由任何个人来取代的群体类型，也只有它能够缓解法律的严酷性。这是一种对任何人都一视同仁的法律，从原则上说，它既不考虑也不承认特殊情况。法官是冷酷无情的，除了法律条文，他便不理会任何事情。出于职业的严肃性，他对黑夜中的杀人越货者和被迫杀婴的可怜姑娘会给予同样的惩罚。不过陪审团会本能地感到，与避开法网的诱奸者相比，被诱奸的姑娘罪过要小得多，我们应该对她网开一面。

对一宗指控错误的案件，在了解了身份团体的心理和其他群体的心理之后，我不可能仍然拒绝和陪审团打交道，去找那些是非颠倒的地方官。从前者那里我还有些找回清白的机会，而让后者认错的机会却微乎其微。群体的权力令人生畏，然而身份团体的权力却更可怕。

第四章　选民群体

如何说服选民群体

选民群体是指有权选出某人担任某项职务的集体，它也属于异质性群体，但他们的行为仅限于一件事且规定相当明确，即在不同的候选人中作出选择，所以他们只具有少数的群体特征，如群体的推理能力极少、没有审慎的思考精神、轻信、易怒并且头脑简单等。此外，在他们的决定中也可以找到群众领袖的影响，和我们列举过的那些因素——断言、重复和传染的作用。

让我们来看一下说服选民群体的办法。从最成功的案例中，我们很容易发现有效的方法。

第一个重要因素是候选人应当享有声望。第二个重要因素是候选人必须富有，能够取代个人声望的只有财富。才干甚至天才，都不是成功的重要因素。最重要的一点是，享有声望的候选人必须迫使选民不经讨论就全然接受自己。选民中的多数都是工人或农民，由于同行人没有声望，所以他们很少能选出自己的同行来代表自己。即使他们偶然选出一个和自己差不多的人，也只是出于次要原因——泄愤，或是他可以产生自己一时成为主人的幻觉。

若想确保自己取得成功，只有声望是远远不够的。选民特别在意他的贪婪和虚荣，在表现得非常清高的同时，还必须用最离谱儿的哄骗手段才能征服选民，要毫不犹豫地向他们许诺幸福，哪怕只是异想天开的许诺。

如果选民是工人，侮辱和中伤雇主就是不二法门，那么你言论再怎么尖刻也不会过分。对于竞选对手，必须利用断言法、重复法和传染法，竭力让人相信这个对手是个十足的无赖，必须达到人尽皆知的事实。其实为任何表面证据费心都是徒劳的。如果对手不了解群体心理，他就会用各种证据为自己辩护，倘若不懂得用断言来对付断言，那么，他就没有任何获胜的机会了。

候选人的文字性纲领也不可过于详细和绝对，不然他的对手将来会用这些文字对付自己。但是在口头发挥中，再夸夸其谈也不过分。你可以毫不惧色地承诺最重要的改革，虽然这些夸张的承诺能够产生巨大效果，但对未来却没有约束力，因为这需要不断地进行观察，选民一般懒得为这事操心。他们才不想知道，自己支持的候选人究竟能在他所赞成的竞选纲领上走多远，虽然他以为正是这个纲领使他的选择有了保障。

从以上这些例子中，便可以看到所有说服群体的因素。各种口号和套话有着神奇的控制力。对一个明白如何利用这些说服手段的演说家而言，能够用刀剑成就的事情，用这种办法照样也可以办到。像不义之财、卑鄙的剥削者、可敬的劳工、财富的社会化之类的说法，永远会产生同样强大的效果，尽管这些陈词滥调早已被重复过无数次。此外，如果候选人满嘴新词，其含义又贫乏抽象，极为模棱两可，那他就能够迎合完全不同阶层的各种愿望，也定能大获全胜。

套话的力量

套话含义复杂，每个人都可以自己做出解释，于是引发了1873年的西班牙革命。一位作者描述了这种说法：

激进派发现，集权制的共和国其实是改头换面的君主国，于是为了迁就他们，议会全体一致宣告建立一个“联邦共和国”。

虽然投票者也解释不清楚自己投票赞成的是什么，但这个说法却能让众人皆大欢喜。人们无比高兴地陶醉其中，似乎看到美德与幸福的王国就在地球上诞生。如果某个共和主义者被对手拒绝授予联邦主义者的名称，那对他来说简直就是奇耻大辱。

在大街上相遇时，人们常用的问候语是：“联邦共和国万岁！”接着便是一片赞美之声。他们认为军队没有纪律是一种美德，面对士兵自治，他们会大唱赞歌。人们是怎么理解“联邦共和国”的呢？有人认为它是指各省的解放，即同美国的行政分权制相似的制度；有人则认为它意味着一切权力的破灭，迅速着手于伟大的社会变革。

巴塞罗那和安达路西亚的社会主义者赞成公社权力至上，他们建议在西班牙设立一万个独立的自治区，根据它们自己的要求制定法律，在建立这些自治区的同时禁止警察和军队的存在。

这场叛乱很快便从南部各省的一座城市向另一座城市、一个村庄向另一个村庄蔓延。有个村庄发表了宣言，它做的第一件事就是破坏电报线和铁路，以便切断与相邻地区和马德里的一切关系。一些处境凄惨的村民只能寄人篱下。联邦制为各立门户者大开方便之门，到处都充斥着杀人放火，人们无恶不作。这片土地上充斥着血腥的狂欢。

没有理性的选民群体

千万别去读那些有关选民集会的报道，选民的头脑完全不会受理性左右。在这种集会上，有时是言之凿凿，痛骂对手；有时甚至拳脚相加，一波未平一波又起，各种惊人的言论此起彼伏，但绝对没有论证。即使那难得的片刻安静，也只是那处心积虑的人在煽风点火，声称自己要戏剧性地难倒候选人。但这些愚蠢反对派制造的平静非常短命，因为他们提出的问题根本无人关注，对手的叫喊很快就压倒了他们那点可怜的声音。报纸上有无数的类似事例，从中选出来的关于公众集会的以下报道，可以作为这方面的典型。

在一次公共的集会上，当会议的个别组织者请大会选举一名主席的时候，全场立刻骚乱起来。无政府主义者跳上讲台，粗暴地占领了会议桌；社会主义者极力反抗，人们相互扭打，各派都指责对方拿了政府佣金，是人民的奸细，无数人因此受伤。

骚乱将会议拖延了很长的时间，说话的权利转移给了××同志。这位演讲人开始激烈抨击自由民主主义者，群体则用“白痴、无赖、流氓”等词辱骂他。针对这些脏话，××同志则非常巧妙给予反驳，最后根据这种理论推理，自由民主主义者全成了“白痴”或“可笑之人”。

在第二次国际会议中，为给五一节工人庆祝会进行预演，阿勒曼派在福伯格宫大街的商会大厅组织了一次大会。为了避免争论，会议提出了“沉着冷静”的口号。

社会主义者被称为“G同志”，这个词是“白痴”和“骗子”的隐喻。大家为了这些恶意中伤之言而相互攻击，演讲者和听众甚至都大打出手。椅子、桌子、板凳，全都变成了武器。

由此可见，这样的集会中根本不可能存在任何理性，论证和推理完全没有用武之地。

不要以为这种描述只适用于固执的选民群体，更不要认为是否理性取决于他们的社会地位。不管是什么样的集会，即使参与者全是受过高等教育的人，在会议上的争论也没什么两样。我已经说过，当人们聚集成一个群体时，降低他们智力水平的机制就会发生作用，在所有的场合都可以找到这方面的证明。例如1895年2月13日的《财报》就有一篇关于学术集会的报道：

那个晚上，会议越来越嘈杂，众人的争吵声有增无减。任何一个演讲者说上两句话，就会被人打断。时时刻刻都有人大声喧哗，场内喊叫声四起。演讲者在发言博得了喝彩声的同时，也听到了辱骂声。一些听众激烈地争吵着，有人挥舞着木棒，有人不停地击打地板。如果有人打断演讲者发言，听众不是叫嚷着：“把他轰下去！”就是大吼着：“让他说！”

有一位学者，我们姑且称之为C先生，满嘴仁义道德，在他发言的时候，张口便批判某些人不是白痴，就是懦夫、恶棍、卑鄙无耻或唯利是图之人，社会充斥着打击与报复，世风日下，他宣称要消灭掉所有败坏道德的东西。

人们也许会问，政治或派别不同的选民，意见怎么可能达成一致呢？问这种问题的人，等于为群体自由文过饰非，这个奇怪的谬论忽略了群体心理原始化的特征。大众的观点绝非他们自己的，这些意见不过是被煽动的群体所接受的某种暗示，既然是暗示，自然合乎理性的可能也极低。

这是因为，在类似选举的事件上，选举委员会操纵着选民的意见和选票，这些通常都是些有名政客的领袖，为了达到他们的目的，就向工人阶级承诺各种好处——他们熟知怎样将改头换面的个人意愿变成群体意识，因此得到了群体的拥戴，十分有影响力。正如民主人士米舍雷尔先生所言："你知道什么是选举委员会吗？它是我们各项制度的基石，是政治机器的一件杰作，它的零件不多不少。今日法国就长期被选举委员会统治着。"

只要候选人能被群体所接受，且有着一定的财力，要对群体产生影响，就不是什么困难的事。选举委员会之威力由此可见一斑。一位选举委员口出狂言：假如有人汇款300 万瑞士法郎给他，他能保证布朗热将军重新当选。

选举制度的必要性

选民群体和其他群体一样：既不更好也不更差。我明白了它的命运，出于一些实际的原因，我愿意保留这种制度。事实上，我们是通过对群体心理的调查归纳出这些原因，基于这些考虑，我要对它们作进一步的阐述。

无疑，普选的缺陷十分突出，所以我们很难视而不见。不可否认，文明是少数智力超常人的产物，这些人就如同一个金字塔的顶点。随着这个金字塔各个层次的加宽，智力也越来越低下，智力最为低下的就是一个民族中的大众。然而一种文明的伟大，绝不能仅仅依靠数量庞大的低劣成员的选票，因为这样是完全无法让人放心的。另一件毋需怀疑的事情是，大众投下的选票往往十分危险。

虽然这些不同意见从理论上说颇令人信服，但在实践中却毫无力度。只要还记得观念变成教条后有着不可征服的力量，我们就得承认这一点。从哲学观点看，群体权力至上的教条正如中世纪的宗教教条一样不堪一击，但它却拥有着和昔日教条一样强大的绝对权力，它和过去的宗教观念一样不可战胜。

假如可以穿越时间，回到中世纪的现代自由思想家，你认为他敢攻击盛行于当时的宗教观念吗？宗教至高无上，触犯他们的人，法官就会无情地把他送上火刑柱，指控他与魔鬼有约或参与了女巫的宴会，他还敢质疑魔鬼或女巫的存在吗？

试图通过讨论改变普选制度，不比群体的迷幻式的信念明智多少。于当前来说，普选的教条有着过去的宗教式威力。那些政客和记者提到民主时，他们表现出的阿谀奉承与谄媚之态，即使路易十四也不曾享受过。因此，我们对待普选制度，多少要像对待宗教教条一样，如果不赞同，那么就保持缄默，让时间去改变它。

由于它那件自我伪饰的外衣，注定了致力于破坏这种教条是徒劳无功的。托克维尔说："即使在平等的时代，人们也不相信他们彼此之间全都一样的说法，但这种比喻却使他们对公众判断力的信赖几乎毫无节制，其原因就在于，要所有人同样开明是不太可能的，真理只掌握在少数人手里。"

选举结果与种族意识需求

如果只让那些智力优秀的人参与选举，这样做能提高大众投票的质量吗？显然我也永远不会这么想，前文已经说过，一切群体，不管群体成员如何，即便全都患有智力低下症，一旦进入群体，也会变得智力平平。我一点都不相信在某个普遍性的问题上，著名院士的投票会比40个蠢汉的投票更高明。

不要认为只让有知识和有文化的人成为选民，被我们所诟病的普选投票结果就会大为改观。一个人不会因为通晓希腊语或数学，或者因为自己建筑师、兽医、医生或大律师的职业，就认为拥有特殊能力去深刻理解社会问题。我们的政治经济学家全都受过高等教育，他们大都是教授或学者，但他们何曾就哪个普遍性问题——贸易保护、双本位制等——达成过一致的意见？这是因为人类普遍愚昧无知，学问更多时候不过是弱化了他们的无知而已，这完全拯救不了他们在深度问题上的低能。在社会问题上，由于未知因素太多，从本质上说，教授和农民的无知没有什么区别。

所以，即使是完全由学识渊博之人组成的选民群体，他们的投票结果也未必会比现在的情况改善得多。在这种问题上面，他们仍然受自己的感情和宗派精神支配。对那些我们现在必须对付的困难，依旧是无法解决。而且，我们可以预见的是，这些有身份与有地位的人所组成的团体，也将会是压迫百姓的新暴政。

大众的选举权，无论是被限制还是被鼓励，无论行使这种权利是在共和制还是君主制之下，也无论是在法国、比利时、德国、葡萄牙或西班牙，其结果都大同小异。我要说的只是：群体选举的结果，不过是一个种族意识的向往和需要。每个国家的当选者，他的一般意见都反映着种族的秉性，代代相承，这种秉性不会有什么显著的变化。

我们一再遇到种族这个基本概念，由此可见，各种制度和政府对一个民族的生活只能产生很小的影响。民族主要是受其种族的秉性支配，也就是说，是受着某些品质的遗传残余的支配。所谓秉性，正是这些品质的总和。种族和我们日常之需的枷锁，是决定我们命运的神秘主因。

第五章 议会

议会的基本特征

议会是我们研究的有名称的异质性群体之一。虽然议会成员的选举方式因时而异，各国之间也有所不同，但它们都有着十分相似的特征。在议会中，人们会感到种族的影响削弱了或群体的共同特征被强化了，但这并不会妨碍群体特征的表现。希腊、意大利、葡萄牙、西班牙、法国和美国等这些完全不同的国家，其议会的辩论和投票却都惊人地相似，各国的政府面对着同样的困难，哪怕只是最简单的问题，这些貌似智商和学识都优于常人的参议员，也都难以达成共识。

议会制度是一切现代文明民族的理想，这种制度反映了一种观念：在某个问题上，一大群人要比一小撮人作出的决定更明智而独立。虽然从心理学上说，这种观念是错误的，但在实际中却能得到广泛认可。

在议会中，我们仍然可以看到群体的一般特征：头脑简单、多变、易受暗示、感情夸张、以领袖人物为主导等。不过，由于其特殊的构成，与一般群体相比，它也有一些不同的特征。

他们最重要的特征之一是观点的简单化。在所有党派中，尤其是在拉丁民族的党派中，有一种适用于一切情况的简单抽象原则和普遍规律来解决复杂社会问题的倾向，无一例外，虽然原则因党派的不同而异，但仅仅因为个人是群体的一部分这个事实，他们便总是倾向于夸张自己原则的价值，并且非把这原则贯彻到底不可。而这导致的结果是，议会成了各种极端意见的典型代表。

议会的意见是质朴且简单的，法国大革命时期的雅各宾党人的议会也充分体现了这一点。这些议员头脑僵化，里面存在各种模棱两可的普遍观念。提到他们的时候，人们都认为他们在经历一场革命，就是因为他们总是贯彻自己的死板原则，选择这种教条化的待人处世方式，而且逻辑也含混不清，更不会去关心事实如何。只是一些十分简单的教条引导着他们，谁也没有看到这场革命，他们以为这种教条可以帮助自己彻底改造社会。

最后，一个高度精致的文明倒退到了很多年以前，而且其文明程度仅相当于社会进化的早期阶段，这就是雅各宾党人的杰作。为了实现自己的梦想，他们采用和极端质朴的原始人同样的办法，不过是毁掉那些改革路上的障碍而已。顺我者昌，逆我者亡，党同伐异的观念根深蒂固，群体已经到了无视一切障碍的地步，无论他们是法国大革命期间推翻波旁王朝后掌握实权的吉伦特派，还是国民公会的激进派议员集团的山岳派，抑或法国南方的热月派，他们全都被同样的种族精神激励着。

议而不决的议会

正如所有群体一样，议会中的群体很容易受暗示影响，这些暗示都来自极有声望的领袖。不过，议会群体所受的暗示界限非常明确。每个议会成员都会在有关地方或地区的一切问题上固执己见，他们不会被任何论证说服。例如在贸易保护、酿酒业特权等与选民利益相关的问题上，即使有古希腊著名演说家德摩斯梯尼[57]或中国古代的苏秦[58]、张仪[59]的天赋，也无法改变一位众议员的投票。这些选民在投票期到来之前就发出了暗示，这些暗示足以压倒来自其他方面的一切阻力，任何取消该建议的反对意见都不会被采纳，他们极力维护着自己的意见，保证它的绝对稳定性。

只要涉及一般性问题——推翻一届内阁、开征一种新税

57 德摩斯梯尼（前384—前322），古雅典雄辩家、民主派政治家。积极从事政治活动，极力反对马其顿入侵希腊。后在雅典组织反马其顿运动，失败后自杀身亡。

58 苏秦（前337—前284），字季子，东周雒阳人（今洛阳东郊太平庄一带），战国时期的韩国人，是与张仪齐名的纵横家。

59 张仪（？—前309），魏国大梁（今河南开封市）人，魏国贵族后裔，曾随鬼谷子学习纵横之术。其主要活动应在苏秦之前，是战国时期著名的政治家、外交家和谋略家。

等——这些人就不再坚持任何意见，事不关己就高高挂起。这时，领袖的建议才真正发挥作用。每个政党都有自己的领袖，他们的势力有时旗鼓相当。虽然方式与普通的群体有所不同，但结果却大同小异。当一个众议员发现自己被夹在两种对立的建议之间时，出现优柔寡断、迟疑不决的现象完全是情理之中的事情。这就是人们经常看到一个议员在一刻钟之内做出截然相反表决的原因，或为某项法案增加一条使其失效的条款的理由，例如剥夺雇主选择和解雇工人的权利，最后却又新增一条几乎废除这一措施的修正案一样。

同样的原因，一些非常稳定的观点和一些十分易变的观点在每届议会中都经常存在。总的来说，由于一般性问题数量庞大，使得议而不决成为议会中司空见惯的现象。之所以议而不决，是因为议员永远担心选民的意见，然而选民的意见还总是姗姗来迟，这很有可能制约领袖的决断力和影响力。

退一万步讲，假设在涉及某个问题时，如果议员们没有强烈的先见之明，那么在无数的辩论中，处在主导地位的人依然是那些领袖。显而易见，这些领袖的存在也是非常必要的。在每个国家的议会中，我们都能看到他们在以团体首领的名义进行活动，他们才是议会的真正统治者。不可否认，组成群体的人，如果群龙无首便终会一事无成，因此，我们也可以认为，极少数领导者的意见才会在议会表决中有所展示。

领袖的影响力在很大程度上都是来自于他们的声望，这样大家也就明白，他们提出的论据，断然不是形成影响力的主要原因。这一点最好的例证便是，一旦他们威信扫地，影响力也立刻随之消失。

这些政治领袖的声望只属于他们个人，与头衔或名声无关。关于这个事实，作为国民议会议员之一的西蒙先生，在评论1848年国民议会的大人物时，为我们提供了一些非常具体的例子：

在威信扫地的两个月后，无所不能的路易·拿破仑沦落为一个完全无足轻重的平民百姓。著名作家维克多·雨果也是议会成员之一，他登上讲台试图说服议会接受他的某项建议，虽然他机智幽默、巧言善变，但却最终无功而返。虽然人们听他说话就如听法国政论家菲利克斯·皮亚说话一样快乐，但这并不能为他博得多少掌声。“我不喜欢他那些想法”，说到菲利克斯·皮亚时，沃拉贝勒对我说，“不过他是法国最了不起的作家之一，也是最伟大的演说家。”这个事实告诉我们，尽管有些人的确聪明过人，智力超强，但这未必意味着他能更好地受人尊重。在召开议会之前，他还有些名气，但在议会里，他却只能默默无闻。

议会群体受声望支配

之所以政治集会对才华横溢者无动于衷，是因为它只是留心那些时间地点相宜、有利于党派的滔滔辩才而已，它并不在乎相关雄辩是否对国家有利。如果想和1848年的法国浪漫派抒情诗人阿尔封斯·德·拉马丁[60]与1871年的法国政治家、历史学家，法兰西第三共和国总统路易·阿道夫·梯也尔[61]拥有同样的崇敬，那就需要有急迫且坚定的利益来刺激、麻痹议会群体。当然伴随着危险的消失，它得到的恩惠和受到的惊吓也会立刻被人们忘得无影无踪。

之所以举上面的例子，是因为它可以说明，一旦群体效忠于领袖，不管是党的领袖还是国家的领袖，他们都会立刻失去自己的个性。在领袖声望的影响之下，这些群体选择服从领袖，并且这种服从完全不受利益或感激之情的支配。可见它提供的解释严重缺乏心理学的知识。

60　阿尔封斯•德•拉马丁（1790—1869），法国19世纪第一位浪漫派抒情诗人，也是浪漫主义文学的前驱和巨擘。

61　路易•道夫•梯也尔（1797—1877），法国政治家、历史学家，法兰西第三共和国总统（1871—1873）。七月革命后，先后担任内阁大臣（1832，1834—1836）、首相（1836）和外交大臣（1840）之职。梯也尔担任法兰西第三共和国首任总统期间，血腥镇压了巴黎公社起义。

由此可见，享有足够声望的领袖几乎都可以掌握绝对权力。一位著名的众议员，他的巨大的影响力便是因声望而得，后来很多年，他都一直左右着群体的意识，曾经他的一个手势，便导致了内阁的倒台。

再后来，由于某些金融问题，他在大选中被击败，此事广为人知。有个记者曾报道过他的影响程度之深：

这位××先生的谬论，让我们为他付出的代价超过普通战争的三倍。

由于他的一个错误决定，法国在马达加斯加的地位长期岌岌可危；由于他的轻信，在南尼日尔，我们被骗走了一个帝国；还有他的即兴言论，让我们失去了在埃及的话语权。××先生让我们丢失的领土，比拿破仑一世带来的灾难有过之而无不及。其实对这种领袖，我们不必过于苛责。不错，他的确使我们损失惨重，但他的大部分影响力都来自于顺应民意，只是这种民意在殖民地事务上还无法超越过去的水平。领袖很少超前于民意，就是因为他做的一切几乎总是在顺应民意，才助长了这所有的错误。

引用上文，是为了讨论领袖说服的手段。除了他们的声望之外，还包括那些多次被我们提到过的因素。领袖必须做到对群体心理了然于心，才能巧妙地利用这些手段。即使理性认识不到，至少也要无意识中做到。他还必须知道如何对支持自己的人民讲话更合适，对于各种词汇、套话和形象的神奇力量，他尤其需要重视。他还应具备特殊的诡辩之才，然后巧妙地运用夸张的断言来取代繁琐的证据，用生动的形象和甚为笼统的论证代替各种推理。在所有集会中，你都能看到政客随时在运用这种辩术，包括最严肃的英国议会。英国哲学家亨利·詹姆斯·萨姆那·梅因[62]曾说：

我们可以看到，在议院的争吵中，整个辩论不过是软弱无力的大话和个人愤懑的意见之间的交锋。这种一般公式对纯粹民主的想象产生着巨大的影响。让群体接受用惊人之语所表达出来的笼统断言，其实向来就不是什么难事，即使这种断言从未被证实过，且我们明知永远不可能被证实也无所谓。

上文中提到的“惊人之语”，不管说得多严重都不会过分。

词语和套话的特殊力量也被我们多次谈到。我们必须选择能够唤起生动形象的措辞。一位议会领袖的演说就为我们提供了一个极好的范例：

我们的监狱坐落在那片热病肆虐的土地，这艘船将驶向那里。

在监狱里，关着声名狼藉的政客和目无法纪的杀人犯。这两种人此时如难兄难弟般臭味相投，他们勾结在一起狼狈为奸，结成两个帮派相互利用。

这样唤起的形象极为鲜活，它能让所有听众都觉得，自己正处在社会渣滓的威胁之中。他们的脑海里浮现出这样两幅画：在一片贫病交加的土地上，一艘船正把社会渣滓送到那个

62 梅因，全名为亨利·詹姆斯·萨姆那·梅因（1822—1888），是19世纪英国著名的法律史学家，历史法学派在英国的代表人物，晚期历史法学派的集大成者。因其著作《古代法》而被西方学者公认为英国历史法学的创始人，在西方法学界影响颇大。梅因的《古代法》出版后，很快便成为欧美法学界普遍研究的经典之作。

地方。倘若让上面相关议会领导的对手当选，他们就成为定义不明确的可怕政客，被流放到那片热病肆虐的地方。他们觉得无比恐惧，与当年罗伯斯庇尔的断头台威胁论给国民公会议员的感觉如出一辙。

在恐惧的影响下，任何群体都会向演说者投降。

如何支配选民的情感

夸大其词、喋喋不休地重复那些不可能兑现的幸福承诺，对于领袖来说，永远都是有利无害。如上文演说家的断言一样，人们从来不会强烈地抵抗这类夸张的言论。演说者可以捏造各种谎言来威胁大众，以此来打击赞助竞争对手的金融家。恐怖分子实乃各国所讨厌的人群，只要演说者说该金融大腕和僧侣暗中勾结资助恐怖分子的袭击活动，那么该金融大腕就会立刻成为众矢之的，他的日子会比那些目无法纪的人更不好过。这种断言永远有着神奇的力量，无论多么激烈的断言内容，也无论威胁被渲染得多么可怕，这对群体来说永远都不过分。要想吓唬住听众，这是最有效的辩术。即便有人持反对意见，他也会担心被大家当做叛徒或遭到对手同伙的人身攻击。

这种特殊的辩论术可谓所向披靡。尤其危难时刻，它的效果更加明显。从这个角度看，法国大革命时期各种集会上的大演说家的讲话，现在读起来都十分合乎这条规律。他们不约而同地先谴责罪恶、弘扬美德，破口大骂暴君或当权者的残忍，打着不自由毋宁死的旗号来鼓动众人。而在场的听众，也都纷纷被这些套话打动，每当听到这些演说词，演说者都会得到极其热烈的掌声，直到大家都开始冷静下来，他们才会回到自己的座位上。

偶尔也会出现受过高等教育且智力优秀的领袖，但这些素质往往都是有利无害。倘若他想阐述事情的复杂性，然后希望通过琐碎的解释来赢得大众对问题的理解，那么，智力就会使他面对对手和大众的无知时，表现出异常的宽容胸怀。建立信徒信念必需的因素，就是理性，纵然它会大大削弱信徒的强硬与粗暴。

在任何时代，尤其是大革命时期，领袖的狭隘头脑实在令人瞠目结舌；然而影响力最大的，也是这些头脑褊狭的人。

一个最好的例子，便是罗伯斯庇尔。他的演说根本令人无法理解，若只看这些演说的发言稿，我们根本不明白，这个常常自相矛盾又大权在握的独裁者何以有如此大的影响力。

小学生的歪理是他们在攻击和辩护中经常采用的观点。没有思想，措辞又不是非常让人喜欢，甚至没有切中要害的批判，有的只是那些令我们生厌的疯狂断言，比如法国教科书的常识和废话，可以糊弄孩子头脑的稀松平常的拉丁文化等，凡读过他们那些枯燥无趣的演讲稿的人，绝不会期待再次阅读。即使性格和蔼可亲的哲学家德穆兰[63]，也不免要扼腕长叹：“怎么会有人相信如此荒谬的言论？”

然而当极端狭隘的头脑与强烈的信念结合在一起的时候，它就能给一个有声望的人带来至高无上的影响力，这种强有力的影响力足以让任何人心惊肉跳。如果你想无视各种障碍，拥有坚定的意志力，就必须满足这些基本的条件。作为意志最薄

63 卡米尔·德穆兰（1760—1794），法国记者、政治家，在法国大革命期间扮演重要角色，与乔治·雅克·丹东关系密切。

弱的生物，群体会本能地在精力旺盛、信仰坚定的人海中寻找自己的主子，因为他们永远都需要领袖。

由此可见，演说者的声望可以决定演说是否成功，这与他的证据或推理是否有力完全无关。无论一个演说者失去声望的理由是什么，他的影响力都会同时丧失，进而失去他用自己的意志影响选民表决的能力。

若是一个只有论证且默默无闻的演说者出场，纵然讲稿论证如何充分，也都只能是让人听听而已。德索布先生是一位有心理学见识的众议员，他最近用下面这段话描述了一个缺乏声望的众议员：

他从公文包里拿出一份讲稿，神情庄重地走上讲台，将其煞有介事地摆在自己面前后，自信地开始发言。

在演讲前，他曾吹嘘能够让听众相信他的理论，他的发言足以使民众振奋。他对那些数字和证据信心十足，并且多次地强调自己的论证。总之异常坚信自己能够说服听众的心。在他看来，任何人都无法反对他引用的证据。他自以为是地认为自己的同事会很有眼力，认为同事们会不约而同地认同他的观点和他的真理。

但是开口后的他骤然发现，极其不安静的大厅里，那些听众有的窃窃私语，有的大声喧哗，他为之恼怒，但又发作不得，只能极力自我克制。

他不明白，这些人为何不能保持安静，为何不愿意听他的发言？更有甚者，议员们竟然无视他的发言，只顾私下的自己交头接耳，他们在干吗？更令人气愤的是，竟然有不少众议员离开了自己的座位。

他皱着眉头停了下来，伴随着脸上惊惶不安神情的出现，他的演讲声逐渐变小。最后在议长的鼓励下，他再次提高了嗓门，加重了语气，还配合了各种手势，但依旧无济于事。后来，听众的噪声越来越大，大得他连自己的话都听不到，喧闹声变得难以忍受，他只好彻底停了下来。由于担心沉默的自己是否会遭受呵斥，他又只得硬着头皮勉强把自己的发言稿读完。

议会群体在极度兴奋时和普通的异质性群体没有区别，它的感情同样爱走极端，或是做出最伟大的英雄主义举动，或是犯下最恶劣的罪行。议员个人不再是自己，他们完全失去自我之后，往往会投票赞成最不符合他本人利益的提议。

容易丧失自我意识的议会群体

法国大革命历史，说明了议会丧失自我意识的严重性，人们完全受那些与个人利益截然对立的人的建议所牵制，比如贵族放弃自己的特权。

在国民公会当权时期，这些贵族在某一个著名的夜晚，毅然决然地投票放弃自己的特权。这个投票意味着他们将沦为人皆可欺的平民百姓，但是与平民不同的是，一旦失去特权的权贵，必然会被民众狠狠地踩在脚下。

但这些贵族却都选择了这条路。在自己的阶层中滥杀无辜的他们，其实也非常清楚，把同僚送上断头台的自己，明天也可能会遭遇同样的下场。

实际上，他们进入了一个完全不由自主的状态，任何想法都无法让他们回头，好像实施那些令他们冲动的建议就是他们的必然使命一般。下面这段话，摘自这些放弃特权的人物之一——比劳·凡尔纳的回忆录，他准确地记下了这种情况："我们极力谴责这一项缺乏支持者的决定，在一天前我们还一致反对，现在居然就通过了；是提议者的危机论导致了这种情况，再无其他原因。"再也没有比这更正确的说法了。

在议会上所有情绪激昂的决定背后，都能看到同样的无意识从众行为。泰纳说：

批准那些他们引以为荣的提案，执行那些愚蠢透顶甚至是犯罪的措施——杀害无辜，杀害自己的朋友和领袖。在右派分子的支持下，左派分子全体同意把他们的首领丹东——这场革命的伟大发动者和领袖，送上断头台。在左派分子的支持下，右派分子又全部通过了革命政府最恶劣的法令。

在热烈的赞扬和呐喊声中，议会不由自主地改选领导者，德布瓦、库车和罗伯斯庇尔等人在热烈的赞扬声中登上了权力巅峰，一个杀人成性的政府诞生了。平民派憎恶它，因为它杀人如麻；山岳派憎恶它，也因为它草菅人命。无论平民派还是山岳派、多数派或少数派，竟然一致同意让使他们自相残杀的人物入主政府。牧月22日，议会成员把自己交给了刽子手；热月日，罗伯斯庇尔登台发言，在最后的15分钟里，这个议会再次同意了放弃特权、把自己交给刽子手的提案。

这种昏天地暗的场面十分准确地表现了群体特征。兴奋或者头脑昏庸到一定程度的议会，便会表现出同样的特点。它会变成不稳定的流体，受制于一切刺激。

斯布勒尔先生是一位执著地信仰民主主义的议员，他有一段有关1848年议会的描述。群体夸张的感情在他的著作中得到很好的阐述，极端多变性使群体感情也极具极端化的倾向。我把这段十分具有代表性的文字转引如下：

共和派由于内部分裂、成员之间相互嫉妒和猜疑，由于盲目信任、行事不择手段等，最终坠入了地狱。

一种信念能有多么质朴、天真，人们就会有多怀疑它。这群人毫无法律意识，从来不知道何为纪律，其行为也是极其恐怖，他们的幻想宛如天方夜谭般可笑荒诞。我想在这些方面，乡巴佬和孩子也比他们强。他们十分冷酷，也同样十分缺乏耐心；他们非常残暴，也同样非常驯顺。

这种性格不成熟的状态，完全是缺乏教养的自然结果。他们从来不为任何事情而吃惊，但任何事情又都总是让他们感到慌乱。即会因为恐惧而胆小如鼠，也会因为大无畏而赴汤蹈火、视死如归。

事物之间的关系，以及事物的原因和后果，他们从不充分考虑也从来都不在乎。时而灰心丧气、时而斗志昂扬的他们，极易惊慌失措，总是处在过于紧张或过于沮丧、完全背离环境所需的心境状态中。

他们的情绪极易改变，头脑异常混乱且行为总是无常。请问，大家认为，这样一个团体能提供什么样的政府基础?

幸运的是，上述这些特点并非经常出现。

群体是议会在特定时候的另一种存在形式。大多数情况下，组成议会的个人都仍然保持自我，议会能够制定出十分出色的法律也正是出于这方面的原因。专家是这些法律的创作者，他们安静地在书房里拟订草稿，可想而知，表决通过的法律其实都只是个人的产物，而并非集体的产物，所以自然就是最好的法律。也只有当系列的修正案把法律变成集体努力的产物时，才有可能产生灾难性的后果。群体的产品与孤立的个人的产品相比，不论其性质如何，其品质总是相对低劣的。在专家会阻止议会通过一些考虑不周全或行不通的政策的情况下，专家是群体暂时的领袖。议会无法影响他，他却可以影响议会。

议会制的必要性与弊端

迄今为止，议会的运作虽然仍面对不少困难，但它依旧是人类所发现的最佳统治方式，尤其是摆脱个人独裁的最佳方式。不管是对于哲学家、思想家、记者、艺术家，还是有教养的人，一句话：对于所有构成文明主流的人，议会无疑是理想的统治。

不过，议会制度也会造成两种严重的危险：一是不可避免的财政浪费；二是对个人自由不断增加的限制。

第一种危险是各种紧迫问题和当选群体缺少远见的必然产物。如果有个议员提出一项显然符合民主理念的政策，譬如说，他在议案中建议要保证使所有的工人能得到养老津贴，或建议为所有国家雇员加薪，这时候的其他议员会因为害怕被选民憎恶，就会断然沦为这些提议的牺牲品。他们完全不敢无视后者的利益，或者反对这些提议中的政策。虽然他们很清楚这会增加新的财政负担，必然要导致新税种的设立，但却不敢在投票时犹豫不决，更别说持反对意见了。对自己来说，增加开支的后果由遥远的未来承担，这并没有什么不利的结果。如果投了反对票，那么他们参与竞选的结果就会清晰地展现在他们面前。

扩大开支的同时，还存在一个同样有强制性的原因，即必须投票赞成一切为了地方的补助金。这种状况下的任何议员都无法反对这种补助，因为它们都同样反映着选民的迫切需要，因为每个众议员只有同意同僚的类似要求，才有为自己的选民争取到这种补助金的条件。

上面提到的第二种危险，即议会对持续性增加的个人自由限制的问题，这看似不甚明显，却是真实存在的，这是已存在的大量真正限制性条款的法律所导致的结果。议会认为自己有义务表决通过，但又顾及到目光短浅的群体，使得他们在很大程度上对结果完全不能预知。

这种危险不可避免，包括在英国这个提供了最通行的议会体制、议员给了其选民最大独立性的国家，也无法避免这种危险。

赫伯特·斯宾塞曾指出，表面自由的增加必然伴随着真正自由的减少。他在《人与国家》一书中也谈到了这个问题。在讨论英国议会时，他表达了自己的观点：

自从这个时期以来，立法机构一直遵循着我指出的路线。个人自由不断地被迅速膨胀的独裁政策所限制，有两个方面的表现。每年都会制定大量法律，限制那些过去公民行为完全自由的事务，强迫公民去做过去他可做可不做的事情等。同时，日益沉重的公共负担，尤其是地方公共负担，使得政府被迫增加税收，而税收的多少就取决于公民的收入。增加公共权力，意味着公民可支配收入的减少，这进一步限制了公民的自由。这种对个人自由日益增加的限制在每个国家都司空见惯。

各种限制的具体表现形式，斯宾塞并没有明确指出。生活中，正是大量这样的立法措施和限制性法令的通过，大大增加了负责法令实施的公务员的数量、权力和影响力。长此以往，文明国家的真正主人很可能是公务员。在政府不断更迭的过程中，他们拥有更大的权力，整个过程只有他们不受这种善变的影响，只有他们不承担责任，不需要个性，可以永久地存在。而实行压迫性的专制，最合适的莫过于具备这三种特点的人。

日益增加的限制性法规，把生活的细枝末节都事无巨细地规范起来，毋庸置疑，这严重限制了公民自由活动的空间，缩小了公民的自由空间范围。各国都认为，制定完备的法律是保障自由与平等的最好办法，其实几乎所有的国家都被此谬论蒙蔽了，这才导致每天都会有让人无法忍受的束缚性法律等待他们来批复。习惯于给人上套的政府，沦为奴才的地步很快就会达到，这会是一个国家公民失去自发精神与活力的国度。那时，我们的公民不过是些消极、顺从、有气无力的行尸走肉。

如果真到了这个地步，注定个人都会去寻求他缺失的那种外在力量。政府各部门必然也会与公民的麻木和无望同步增长。这又致使它们必须表现出个人没有的主动性、首创性和指导精神。

如果国家想要变成全能的上帝，它就要承担一切，领导一切，把一切都纳入自己的保护之下。但是纵观历史，我们得知：这种上帝既难以持久，更不会强大。

结 语

文明的循环

民族与文明的诞生与繁荣

在某些民族中，自由越来越受限制，尽管表面上众多的许可会让人产生自己还拥有自由的幻觉。时至今天，这无疑都是任何文明衰落期都无法逃脱的不祥先兆。

我们可以通过历史的教训和其他令人触目惊心的先兆来进行判断，我们可以感受得到，某些现代文明已经到达了衰败期来临前的阶段，和那些历史上已有的时代一模一样。所有的民族都将不可避免地经历同样的阶段，似乎历史是在不断地重复某种过程。

如果我们依据主要线索，总结之前那些伟大文明兴起与衰败的原因，会发现什么呢？

文明之初，来自不同地方的一群人，因为移民、入侵或占领等原因聚集在一起。他们血缘不同，语言和信仰也不同。法律是这些人可以结为整体的唯一纽带，尽管未必所有头领都认可相关的法律。

这些混乱的人群具有突出的群体特征。在他们短暂的团结中，英雄主义、易冲动、性情狂狷等群体特征都表露无遗。

由于他们的野蛮特质，我们找不到可以把他们牢固地联系在一起的东西。

漫长的岁月才是真正的造化者，种族就是它的作品。那些长期相似的环境、种族间的不断通婚、共同的生活等诸多因素都纷纷发挥了作用。不同的小群体慢慢融合成一个整体、一个种族，一个有着共同特征和感情的群体也由此而生，并且在遗传的作用下日益稳固。直到这群人变成一个民族，逐渐具备摆脱它的野蛮状态的能力。但只有经过长期不断重复的努力和相关斗争，直到它获得了某种理想之后，它才完全成为一个真正意义上的民族。

不论是对罗马的崇拜、雅典的强盛还是真主安拉的胜利，都足以让一个种族中的每个人在感情和思想上形成完全的统一。

一种包含着各种制度、信念和艺术的新文明，也会在这种制度中诞生。一个追求自己理想的种族，他们会在这个过程中逐渐具备某些素质，这是建立某些丰功伟业不可缺少的素质。纵然有时它依旧还是乌合之众，但在它变幻莫测的特征背后，一个稳定的基础必然会形成，这就是这个种族的秉性——种族的秉性左右着这个种族在一定范围内的变化，并且起着支配作用。

民族与文明的陨落

时间在完成其创造性的工作之后，便会开始它的破坏性过程。不管是神灵还是人类，谁都无法逃脱它的掌心。当某种文明强盛、复杂到一定程度之后，便必然会停滞不前。止步不前的同时，也就意味着衰落的开始，进而迎来它的老年期。

衰落以种族支柱的理想衰弱为特点，这是一个不可避免的时刻。

与之相对应的是，基于这种理想的衰弱而建立起来的宗教、政治和社会结构也悄然开始发生动摇。

伴随着种族理想的持续消亡，它便也慢慢失去了使自己团结强盛的高贵品质。伴随着性格的弱化和行动能力的减弱，个人的个性和智力可以增长，但种族集体的自我意识却会因个人自我意识的过度发展而逐渐被取代。本来是一个民族、一个联合体、一个整体的人群，却最终沦落成一群缺乏凝聚力的个人，然而他们在一段时间里，又仅仅因为传统和制度而再次被人为地聚集在一起。在这个反复无常的阶段，人们被个人利益和愿望搞得四分五裂，失去了自我治理的能力，当最微不足道的事情也离不开领导的管理时，国家就会开始发挥它引人注目的影响。

这个种族的才华，会随着古老理想的丧失而逐渐消失殆尽。从此它便仅仅是独立个人的种族，又回到了自己的原始状态——即乌合之众。它只有乌合之众所具有的短暂的特性，实则缺乏统一性，又没有未来。由于文明稳定性的丧失，它只得随波逐流。

野蛮风气盛行，民众就是至上的权力。也许文明依然华丽，悠久的历史赋予的外表还尚可持续存在一些时日，但这座没有任何支撑已经岌岌可危的文明大厦，面临突如其来的暴风雨，必然会呈现出摧枯拉朽之势。

在追求理想的过程中，人们可以从野蛮时期过渡到文明时期，但当这个理想不具备任何优势时，衰落和死亡便是它最终的宿命，这就是一个民族生命循环的过程。